习作医院

（四年级）

闫　勇◎主　编
楼　晓◎副主编

電子工業出版社
Publishing House of Electronics Industry
北京·BEIJING

图书在版编目（CIP）数据

习作医院. 四年级 / 闫勇主编. —北京：电子工业出版社，2021.12

ISBN 978-7-121-42215-7

Ⅰ. ①习… Ⅱ. ①闫… Ⅲ. ①作文课—小学—教学参考资料 Ⅳ. ①G624.243

中国版本图书馆CIP数据核字（2021）第208061号

责任编辑：徐云鹏
印　　刷：北京天宇星印刷厂
装　　订：北京天宇星印刷厂
出版发行：电子工业出版社
　　　　　北京市海淀区万寿路173信箱　邮编：100036
开　　本：720×1 000　1/16　印张：9.75　字数：121.6 千字
版　　次：2021 年 12 月第 1 版
印　　次：2021 年 12 月第 1 次印刷
定　　价：42.60 元

凡所购买电子工业出版社图书有缺损问题，请向购买书店调换。若书店售缺，请与本社发行部联系，联系及邮购电话：（010）88254888，88258888。

质量投诉请发邮件至zlts@phei.com.cn，盗版侵权举报请发邮件至dbqq@phei.com.cn。

本书咨询联系方式：（010）88254521。

编委会

自序

记得第一次与编辑老师谈出版意向的时候，我说想出版一本专门给“学生习作看病的书”。编辑老师听了不解地问，人家都出《优秀作文选》，咱们出一本“病文选”，谁看呀？看到《习作医院》，可能大多数人都会提出这个问题来。说到“病文”，这倒让我想起两件往事。

记得小时候，最怕家长给自己买所谓“优秀作文选”之类的书。原因也很简单，自己读了这类书难免产生“自惭形秽”之感；家长读了这类书，更是多了“别人家的孩子怎么行”的“口食”。当时我常想，“别人家孩子”写得固然是好，可是这和自己能写一篇好文章有什么相干呢？能够写出好作文的“秘密”，仿佛就藏在一个看得见外观，看不见内核的箱子之中。我知道“别人家孩子”作文写得好，可是不知道这作文是怎么写好的。读《优秀作文选》好似观看“水中花，镜中月”，徒增烦恼，岂不是空欢喜一场嘛！

另一件是我外甥女的事。她从小学三、四年级就跟我学习写作文，对一篇好作文的标准也算是“深谙此道”。有一次，家长带她去科技馆参观，回来后她写了一篇作文。记得当时她爸妈大为高兴：你看，真没白带孩子去科技馆，写了一篇这么长的作文，写得多好啊！我看了一遍外甥女写的习作，不动声色地问她：你觉得这篇习作写得好吗？她扭扭捏捏地指着自己的父母，说：“这不是专门糊弄他们写的吗？”实话实说，这篇文章除了文字多一些，完全是一篇流水账，可谓乏善可陈。作为非专业人员的学生家长，哪里能分辨得出来什么是好习作，什么是“病文”呢？至于习作的病因，甚至修改，就更无从谈起了。

回到编辑老师提出的问题。我想《习作医院》这本书大概有两方面的意义。

第一，是变“暗箱操作”为“明档制作”。小学生初学写作，写不好作文很正常。学生的作品，往往是不成熟的，甚至是“病文”。小学生需要的不是阅读“优秀作文”并从中找到自己的差距，而是弥补差距的具体办法。《习作医院》探讨的是怎样“治疗习作疾病”，将一篇“病文”，修改成为一篇“优秀作文”的全过程“明档制作”给学生看。

第二，是帮助家长和教师从一个专业化的角度来看待统编教科书当中每个单元的学生习作及其问题所在。平时，我们常见一种虽不专业，却能“放之于四海皆准”的习作评语：过程不够具体，语言不够生动，缺乏真情实感。这样的“大帽子”听起来有道理，但是对学生的习作能力提升却没有实际的作用。天下没有十全十美的文章。教科书中每个单元的习作有其编写意图和写作重点。专业化的、有的放矢的评价并修改每一篇习作，对学生的写作能力发展才真正有意义。

本书选取了统编小学语文教科书三～六年级单元习作教学当中最典型的“病例”，按“入院筛查”“医疗干预”“出院指导”三个步骤编排。“入院筛查”关注的是“病文”中最关键的、急需解决的问题，属于雪中送炭的“急救”。“医疗干预”则是从长计议，关注“病文”其他的“慢性疾病”，属于锦上添花的“康复”。“出院指导”不但点出优秀习作的特征，还为学生今后习作提出了意见和建议。在三文对比，两次修改中，让读者感受到一篇有问题的习作变好的过程和具体方法。

愿这本小书能够成为学生初学写作的帮手。愿这本小书能够成为家长和老师指导学生习作的助手。

目录

四年级上册第一单元

《推荐一个好地方》

美丽的南宫五洲植物乐园

北京市宣武回民小学　张可欣

今天我向大家推荐一个好地方，这个地方叫南宫五洲植物乐园，它位于北京市丰台区王佐镇南宫路 1 号南宫世界地热博览园内。

它是由鹦鹉园、百鸟乐园、自然博物馆、温室乐园、水帘洞和花果山组成的，这个植物乐园很适合孩子玩，里面有很多的游乐设施。其中我最爱玩的是水帘洞里的旋转风火轮，我玩了 4 次，因为它在转的时候里面的人连滚带爬地往座上爬，还有的时候在转的同时还会颠下来。而我被颠下来了 2 次，给妈妈都逗笑了。

后来我又去了鹦鹉园，在这里可以和鹦鹉近距离接触，可以喂食。鹦鹉的颜色很多，有红色的、蓝色的、绿色的、双色的和彩色的。它和百鸟乐园是相通的，在那里鹦鹉会在头顶上飞来飞去，把食物放在手里，它们就会飞过来吃你手上的食物，可有意思了。再往前走就到了宠物乐园，这里有很多动物，可以喂食，还可以骑马。

南宫五洲植物乐园真是很好玩，是个大家周末去游玩的好地方。我很期待下一次的游玩。

我们家楼下的小公园

北京第一实验小学前门分校　赵振蘅

我们家在北京市海淀区复兴路的23号院，那里有个小公园。那里风景优美，是孩子们的乐园。

春天，万物复苏。小草顽皮地从土里探出头来，好像在说："春天来啦！春天来啦！"树叶绿油油的，好似一把把绿扇子。小鸟站在枝头叽叽喳喳地叫着，好像在说："这里的风景可真美！"小朋友们脱掉棉袄，奔向小公园打沙包、踢足球，玩得不亦乐乎。

夏天，百花盛开。小公园像一个美丽的大花园。绿树成荫，小朋友们在绿树下面乘凉、捉蚂蚱、捉蝴蝶。高兴极了！

秋天，天高云淡。一片片落叶像一只只蝴蝶似的在风中飞舞。小公园穿上了黄色的衣服，地面铺上了金色的地毯。孩子们在公园里快乐地玩耍，捧起一把银杏叶，你扔向我，我抛向你。孩子们高兴地笑着，叫着。

冬天，万物凋零，别有一番风景。一场大雪过后，小公园穿上了白色的衣裳。树上、房子上落了一层厚厚的积雪，小鸟在雪地里跳着，制作出了一幅竹叶图，小狗在雪地里画了一幅幅梅花图。孩子们不约而同地来到了小公园堆雪人、打雪仗。

23 号院的小公园真是一个好地方。

入院筛查：

这次入院的有两篇“病文”，来自四年级上册第一单元的习作，主题是“推荐一个好地方”。习作要求我们推荐一个好地方，写清楚推荐理由。这个话题既与本单元阅读内容密切关联，又能勾连我们已有的生活经验，激发我们的表达兴趣。

这两篇习作，让我们看到这个“好地方”可以有很多选择。可以是某个给自己留下深刻印象的景点，比如第一篇习作，小作者走进了南宫五洲植物乐园，从乐园中的游乐设施和鹦鹉园两个方面表达植物乐园的好玩之处。也可以是自己生活中很熟悉的某个角落，比如第二篇习作，小作者抓住了自己家楼下小公园一年四季的景色变化，表达了自己对小公园的喜爱。另外，本次习作要求可以从不同方面来写清楚推荐理由，两篇习作中，一个抓住了植物乐园中印象深刻的两处景点，一个抓住了小公园一年四季的变化。

但是这两篇习作也有共同的问题，让我们一起来看看。《推荐一个好地方》这样的习作，一定是在确定“好地方”的基础上去构思推荐的理由。我们想出要推荐的一个好地方，只是完成了第一步。最重要的是写出推荐的这个地方有什么特别之处，把推荐理由写充分。这两篇习作问题的共同点就是与写景的习作混淆，没有把推荐理由写充分，不够吸引人。我们可以再想一想：这个地方到底有什么特别之处能够吸引大家去？还可以从哪些角度去介绍这个地方？

第一篇习作中，我感觉小作者要推荐南宫五洲植物乐园的原因是“这个地方很好玩”，因此她选取了两处印象深刻的景点——游乐园和鹦鹉园，从两个不同方面来表达的思路还是比较清楚的。但小作者却只重点写了自己的游览感受，并没有考虑在推荐给他人时，大家想了解植物乐园哪些好玩之处，想对这个地方有哪些更加深入的了解。

再看第二篇习作，小作者紧紧围绕开头所写的“那里风景优美，是孩子们的乐园”一句，突出了小公园一年四季的景色变化和孩子们的快乐之处，表达了自己对小花园的喜爱。但我们细细读一读就会发现，这个小公园的特点似乎适用于任何一个小公园。作为读者，我们特别想知道：小公园有什么特别的地方吸引我们过去玩呢？

另外，习作中还有一些小毛病。比如，张同学的习作开头写道：“今天我向大家推荐一个好地方，这个地方叫南宫五洲植物乐园，它位于北京市丰台区王佐镇南宫路1号南宫世界地热博览园内。”此处清楚地表达了要推荐的地方及名称，但却将园内的组成放到了第二自然段游乐设施的推荐中，结构不清楚，需要修改。再比如，赵同学的习作中有重复的问题出现，“我们家在北京市海淀区复兴路的23号院，那里有个小公园。那里风景优美，是孩子们的乐园”。两个“那里”重复出现不仅别扭且不明确，可以将第二个“那里”改为“小公园”，更加明确了推荐的小公园是个美丽的地方，是孩子们的乐园。

我建议，张可欣同学可以把自己在植物乐园中看到、听到、感受到的都写清楚，突出游乐园和鹦鹉园的“好玩”之处。赵振蘅同学可以再想一想楼下小公园还有哪些特别之处可以推荐给大家，或者从不同角度去介绍小公园。

美丽的南宫五洲植物乐园

北京市宣武回民小学　张可欣

今天我向大家推荐一个好地方，这个地方叫南宫五洲植物乐园，它位于北京市丰台区王佐镇南宫路1号南宫世界地热博览园内，由鹦鹉园、百鸟乐园、自然博物馆、温室乐园、水帘洞和花果山乐园等几个场馆组成。

“花果山”和“水帘洞”，光听名字，我就很喜欢。这两个场馆连在一起，是各种大型机动玩具的集中地，有近30种游玩项目。其中我最爱玩的是水帘洞里的旋转风火轮。它看上去像一个抖动的圆形沙发，座椅和脚下的底板都是皮制的。这个项目会一直开着音响放歌，整个风火轮会一直旋转，而里面的沙发会随着歌曲一抖一抖的。许多人在它转的时候被抖了下来，我也没能幸免，连滚带爬地往座位上爬，生怕再被抖下来，那滑稽的样子逗得妈妈哈哈大笑，真是太好玩啦！

鹦鹉园是个不容错过的场馆。在这里可以和鹦鹉近距离接触，可以喂食。鹦鹉的颜色很多，有红色的、蓝色的、绿色的、双色的和彩色的。它和百鸟乐园是相通的，在那里鹦鹉会在头顶上飞来飞去，把食物放在手里，它们就会飞过来吃你手上的食物，可有意思了。再往前走就到了萌宠乐园，又是另一种景象，有大型的羊驼、马儿等索要我们手中的美食，也有傲娇的猫猫和兔兔，在艳阳下面懒洋洋地睡着，或者自顾自地理顺着自己的绒毛。

南宫五洲植物乐园真是很好玩，是个大家周末去游玩的好地方。我很期待下一次的游玩。

我们家楼下的小公园

北京第一实验小学前门分校　赵振蘅

我们家在北京市海淀区复兴路的23号院，那里有个小公园。小公园风景优美，是孩子们的乐园。从我很小的时候开始，妈妈就经常带我到小公园里玩，在足球场上踢足球，在沙子池里玩沙子，在林荫道上拔老根儿……渐渐地，小公园成为我最喜欢的地方。

春天，小草顽皮地从土里探出头来，好像在说："春天来啦！春天来啦！"树叶绿油油的，好似一把把绿扇子。小鸟站在枝头叽叽喳喳地叫着，好像在说："这里的风景可真美！"小朋友们脱掉棉袄，奔向小公园。这里有一个亲子足球场，足球场旁边还有一个"8"字形跑道。每到傍晚，爸爸、妈妈和我就到小公园玩，我踢球，妈妈跑步，爸爸坐在长椅上休息。

夏天，小公园里有形态各异的参天大树，茂密的叶子遮住烈日的阳光，让这里成为避暑乘凉的好地方。我们在绿树下挖沙子、捉蚂蚱、捕蝴蝶，高兴极了！到了傍晚，还可以看到一只只萤火虫飞来飞去，一闪一闪地眨着小星星般美丽的眼睛，时不时落在你的耳朵上，像亮晶晶的耳环。

秋天，路两旁的大树叶子每天都在变化，风一吹，叶子像一只只五彩蝴蝶似的在风中飞舞。小公园里还有一条弯弯曲曲的石子路，路两旁种满了银杏树，每到秋日，石子路就会穿上黄色的衣服，像铺上了金色的地毯。每当这时，我们就会捧起一把银杏叶，你扔向我，我抛向你，大家高兴地笑着，叫着。

冬天，小公园更是别有一番风景。一场大雪过后，小公园穿上了白色的衣裳。树上、房子上落了一层厚厚的积雪。小鸟在雪地里跳着，制作出了一幅竹叶图；小狗在雪地里跑着，画出了一幅幅梅花图。我们也不约而同地来到了小公园，堆雪人、打雪仗，玩得不亦乐乎。

23号院的小公园真是一个好地方。

医疗干预：

两篇习作修改之后，都有了很大的进步。在确定了推荐地方后，能从不同方面将推荐理由说清楚，突出了所推荐地方的特别之处，推荐理由更加充分，表达也更加吸引人，对推荐地方的喜爱之情自然流露。

如果说我们想进一步提高两篇文章的表达效果，就要再看看习作中的“推荐”一词的含义。“推荐”就是要把好的人或事物向别人介绍，希望被任用或接受。因此，不仅要写自己觉得值得推荐的理由，还可以询问一下他人还想知道了解哪些内容，将自己的推荐内容不断完善，吸引他人的兴趣。比如，第一篇习作就可以再写一写游乐园还有哪些朋友们感兴趣的内容，鹦鹉园内还有哪些特色可以吸引其他游客呢。而第二篇习作，抓住了小公园的特别之处，有了自己的特色，还可以将自己在小公园中看到的样子、听到的声音、闻到的气味等和大家分享，使自己的推荐更加由心而表，表达对美好生活的真切感受。另外，既然是推荐，我们就要注意推荐的语气，要融入自己的情感。只有自己喜欢才能让别人喜欢，喜爱之情一定要蕴含在字里行间。

美丽的南宫五洲植物乐园

北京市宣武回民小学　张可欣

今天我向大家推荐一个好地方，这个地方叫南宫五洲植物乐园，它位于北京市丰台区王佐镇南宫路1号南宫世界地热博览园内，由鹦鹉园、百鸟乐园、自然博物馆、温室乐园、水帘洞和花果山乐园等几个场馆组成。我觉得那里特别好玩，真是玩上一整天都舍不得离开。

其中，“花果山”和“水帘洞”这两个场馆，光听名字，我就很喜欢。这两个场馆连在一起，是各种大型机动玩具的集中地，有近30种游玩项目。水上赛车、东海寻宝、遨游九天、龙王赛马、勇闯火焰山、大王巡山等，仿佛是一座由想象创造出的世界，惊险刺激又快乐无比。我最爱玩的是水帘洞里的旋转风火轮。它看上去像一个抖动的圆形沙发，座椅和脚下的底板都是皮制的。这个项目会一直开着音响放歌，整个风火轮会一直旋转，而里面的沙发会随着歌曲一抖一抖的。许多人在它转的时候被抖了下来，我也没能幸免，连滚带爬地往座位上爬，生怕再被抖下来，那滑稽的样子逗得妈妈哈哈大笑，真是太好玩啦！

另外，鹦鹉园绝对是个不容错过的场馆。目前园内展示的鹦鹉有近百种，其中有珍贵品种40多种，这里汇集了鹦鹉界的各种“世界之最”——最会说话的鹦鹉、最重情的鹦鹉、最聪明的鹦鹉、最珍贵的鹦鹉、最优雅的鹦鹉、体形最大的鹦鹉。这里鹦鹉的颜色很多，有红色的、蓝色的、绿色的、双色的和彩色的。据工作人员介绍，这里有700多只颜色各异、体态不一的鹦鹉嬉戏于园中。鹦鹉特别聪明，喜欢学人说话，我走在园内随时可以听到鹦鹉的问候：“您好”“恭喜发财”“几点了”“再见”，非常有趣。它和百鸟乐园是相通的，园内还专门设有和鹦鹉近距离接触的地方，可以给鹦鹉喂食。在那里，鹦鹉会在头顶上飞来飞去，把食物放在手里，它们就会飞过来吃你手上的食物，可有意思了。你们是不是也想试一试啊？

再往前走，就到了萌宠乐园，又是另一种景象，有大型的羊驼、马儿等索要我们手中的美食，也有傲娇的猫猫和兔兔在艳阳下面懒洋洋地睡着，或者自顾自地理顺着自己的绒毛。

南宫五洲植物乐园真是太好玩了！听了我的推荐，你是不是也迫不及待想去看一看了？那快让你的爸爸妈妈带你去那里尽情玩耍吧。

我们家楼下的小公园

北京第一实验小学前门分校　赵振蘅

我们家在北京市海淀区复兴路的23号院，那里有个小公园。小公园风景优美，是孩子们的乐园。从我很小的时候开始，妈妈就经常带我到小公园里玩，在足球场上踢足球，在沙子池里玩沙子，在林荫道上拔老根儿……渐渐地，小公园成为我最喜欢的地方。

春天，小草顽皮地从土里探出头来，好像在说：“春天来啦！春天来啦！”树叶绿油油的，好似一把把绿扇子。小鸟站在枝头叽叽喳喳地叫着，好像在说：“这里的风景可真美！”小朋友们脱掉棉袄，奔向小公园。这里有一个亲子足球场，足球场旁边还有一个“8”字形跑道。每到傍晚，爸爸、妈妈和我就到小公园玩。我在足球场上和小朋友们踢足球，妈妈在跑道上跑步，爸爸坐在足球场旁边的长椅上休息。一次中场休息时，爸爸还告诉我，这里原来是一个迷你草坪，草坪上有黄的草和绿的草，形成一个天然的球场，也是他儿时的乐园。

夏天，小公园里有形态各异的参天大树，茂密的叶子遮住烈日的阳光，让这里成为避暑乘凉的好地方。我们在绿树下挖沙子、捉蚂蚱、捕蝴蝶，高兴极了！到了傍晚，我们就会更加兴奋，因为还可以看到一只只的萤火虫飞来飞去。这个时候，我们就会追着那一闪一闪的绿光，把萤火虫放进自己的小瓶里，拿到黑暗处去观察，探寻萤火虫的闪光秘密。有时，淘气的萤火中会时不时落在你的耳朵上，像亮晶晶的耳环，引得小女孩儿们一阵阵的欢呼。

秋天，路两旁的大树叶子每天都在变化，风一吹，绿色的、黄色的、红色的、红绿相间的、半黄半绿的，一片片叶子像一只只五彩蝴蝶似的在风中飞舞，有时飘落在我的身上，比羽毛还轻软。小公园里还有一条弯弯曲曲的石子路，路两旁种满了银杏树，每到秋日，石子路就会穿上黄色的衣服，像铺上了金色的地毯。此时，我们在石子路上快乐地奔跑，踩着树叶发出“咔嚓咔嚓”的声音，停下来时手捧起一把银杏叶，你扔向我，我抛向你，大家高兴地笑着，叫着。

冬天，小公园更是别有一番风景。一场大雪过后，小公园穿上了白色的衣裳。树上、房子上落了一层厚厚的积雪。小鸟在雪地里跳着，制作出了一幅竹叶图；小狗在雪地里跑着，画出了一幅幅梅花图。我们也不约而同地来到了小公园，堆雪人、打雪仗，玩得不亦乐乎。

23号院的小公园真是一个好地方。你最喜欢什么季节的小公园呢？欢迎你来和我们一起欣赏这里的美景，感受这里独有的快乐。

出院指导：

这次习作有两个关键点。第一是“好地方”可以有很多选择，可以是某个景点，可以是某个角落；可以是某个娱乐场所，也可以是某个学习场所。因此，首先根据自己的实际生活，想清楚要推荐什么地方、在哪里。当然，在做推荐时，我们要做生活中的有心人，多观察、多体验、多感受、多积累。第二是本次习作的重点是要写清楚推荐的理由，要重点想一想这个地方到底有什么特别之处能够吸引大家去，可以从哪些不同角度介绍这个地方。这就是说我们首先要想到推荐理由，然后要把理由说充分，举出具体事例，站在推荐者的角度将自己在某个地方看到的、听到的、闻到的或者感受到的，融入自己的情感表达清楚、具体，使他人能够接受或采纳，这样推荐就成功了。

亲爱的同学们，你们的习作做到以上两点了吗？今天的两篇习作又给了你哪些启发呢？你也来改改自己的习作吧。

《小小“动物园”》

小小“动物园”

北京市第十八中学附属实验小学　王洛雯

我家就像一个小小“动物园”，爸爸、妈妈就像动物。

我的妈妈很爱吃蔬菜，而且很瘦，很温柔，像一只可爱的兔子一样。那次我们家吃火锅，妈妈吃了很多她最爱吃的娃娃菜。妈妈说话的声音特别温柔，就像兔子一样。虽然妈妈平时总是说个没完，有点唠叨，但是妈妈很爱我，总是根据我的口味给我做饭，辅导我学习的时候也不会严厉地批评我。因此，我很爱我的妈妈。

我的爸爸身体非常强壮，就像狮子一样有威严，因为他每天都坚持进行体育锻炼。他对我要求特别严格，而且发怒的时候特别可怕，就像一只大狮子一样。我有次不小心把饮料碰洒了，他就很严厉地指出我的错误，并且让我收拾干净。当时我心想：爸爸生气太可怕了，就像狮子发怒一样！后来，爸爸消气了，就坐在我身边给我讲道理，那时候我就不害怕了，反而很安心。

我们家就像小小“动物园”，妈妈是兔子，爸爸是狮子。我们是动物一家。

入院筛查：

四年级上册第二单元习作的题目是《小小“动物园”》。习作要求我们先想一想自己的家人和哪些动物比较像、什么地方像，以及自己在家生活的感受如何；之后，给家里的每个人都写上一段，回家后请家人点评写得像不像。

这是一篇很有趣的习作，仔细阅读要求，我们就会发现，其重点不在于写动物，而是需要同学们写出家人给自己留下印象最深的特点，落实本单元的要求之一——“写一个人，注意把印象最深的地方写出来”。整体来看，体现了在三年级下册第六单元习作（写出人物特点）基础上的提升。

那么，我们可以描写家人哪些方面的特点呢？参考课本上的提示，我们可以综合多个角度来写一个人，例如外貌特点、爱好特长、饮食偏好、性格特征等。当然，与其面面俱到，不如有所侧重。

这次“入院”的是王洛雯同学的作文。她从外貌、性格、饮食偏好等多个角度将家人和动物联系起来，表现家人的不同特点。在描写的过程中，她使用了两种方法：一是通过家人的一贯行为来表现特点，二是举出某一次的事件来表现特点。这是很好的。

不过这篇作文也存在比较明显的问题，让我们一起从以下三个方面来思考如何修改。

第一，家人的特点要与选取的动物特点相对应。习作提示中，提示我们要想一想自己的家人和哪些动物比较像，这是我们重点要写的内容。王洛雯同学在文中确实写出了妈妈和爸爸的特点，但并不是所有的特点都跟动物相对应。比如，写妈妈的部分，很瘦、爱唠叨和根据孩子口味来做饭，就不能算是兔子的特点了。总之，虽然家人的身上可能有很多特点，但我们一定要有选择性地进行介绍，如果与这种动物无关，就不必写了。

第二，如果家人与动物对应的共同点有很多，我们要继续思考，看看选择哪些特点来重点介绍。一般而言，家人的性格特点往往能够给我们留下比较深刻的印象，因此就比外貌、饮食偏好等特点更值得我们多花些笔墨。这也是与三年级相比，四年级的同学在描写人物方面应有的提升之处。

第三，选准了家人和动物的共同特点之后，还要用恰当、充分的理由，让读者能感受到你的家人确实很像这种动物。在这一点上，本文描写得还不够。例如，说爸爸像狮子，是因为“强壮”和“有威严”，但后面在说具体原因的时候，也并没有表现出爸爸到底是如何像狮子一样有威严的。为了让读者也感受到文中的妈妈、爸爸确实就像兔子和狮子一样，我们可以综合运用一贯的行为表现和某次事件中的具体表现，通过动作、语言或者神态描写，将妈妈和爸爸的独特形象展现在读者的面前，更加充分地说明他们为什么像这种动物。

小小“动物园”

北京市第十八中学附属实验小学　王洛雯

我们家就像一个小小“动物园”，爸爸、妈妈就像动物。

我的妈妈很爱吃蔬菜，而且最喜欢穿白色的衣服，她性格很温柔，我感觉她像一只可爱的兔子一样。

我的妈妈从不大声批评我，更不会对我发脾气。有时候我的作业不会写，她就很温柔地告诉我哪儿错了，鼓励我自己思考然后改正。记得有一次，我遇到了很难的数学题，妈妈都反复讲了好几遍，可我就是写不对，我都急哭了。妈妈就在我身边温柔地安慰我，陪着我擦干眼泪，做出那道题。我心想：妈妈的爱很温暖，我爱我的妈妈。

我的爸爸身体非常强壮，还总是很严肃，像一只“不怒自威”的狮子。当然，爸爸要是发怒了，就更像怒吼的狮子一样。他对我要求严格，我做错了事，他总会严厉地指出我的错误。有一次，我把饮料瓶子随手放在沙发扶手上，忘了盖盖子，在来回蹦跳的时候一不小心就给碰洒了。爸爸看见了，气呼呼地走来，脸上很生气的表情，皱着眉头大声说：“告诉你多少次了，不许把饮料这样放在沙发上，为什么不听？赶快把它收拾干净！”我心想：爸爸生气太可怕了，就像狮子发怒一样！后来，爸爸消气了，就坐在我身边给我讲道理，就像电视里大狮子照顾小狮子一样。我又觉得很安心。

我们家就像小小“动物园”，妈妈是兔子，爸爸是狮子。我们是动物一家。

医疗干预：

王洛雯同学的初次修改是很有效果的，她将妈妈身上与兔子不对应的特点都删去了，并主要围绕妈妈和爸爸性格方面的特点，分别用不同事件进行重点介绍，让文章读起来真实、有趣。

家人的特点通过与动物的对比写出来了，接下来让我们再从两个方面来进一步修改。

第一，一起看看该怎样写出“生活在这个‘动物园’里的感觉”。

目前，王洛雯同学在写家人性格特点的时候，都加入了自己的感受，不过总喜欢用“我心想”来表达。其实我们在描写感受的时候，形式可以更加灵活多样，除了“我心想”之外，还可以直接写出自己的感受或者想法，也可以用自己的具体表现（语言、动作等）来体现，比如说被爸爸批评的时候，就可以写自己吓得不敢辩解、乖乖去收拾等。

此外，目前作文的开头和结尾都只是简单介绍自己家是一个小小“动物园”，略显单调重复。建议加上一句自己生活在家里的感受，这还能够起到首尾呼应的效果。

第二，修改重复使用的词句，并使用语言、动作和神态描写，以便更加突出家人的特点。王洛雯同学很喜欢用“像××一样”的句子来表现家人与动物的共同点，这个句式出现的频率太高了，建议换用别的形式来表达。写妈妈温柔的部分，“温柔”这个词重复用了两次，可以换成具体的语气或者动作，让读者也切实感受到妈妈的温柔。写爸爸的部分，

“气呼呼地走来，脸上很生气的表情”是重复的，而且不通顺，建议就用一句话描写爸爸生气时候特有的动作、神态等；最后写爸爸给自己讲道理的部分也可以用类似方法来描写。这样，就不是在作文中简单直接地告诉读者“我的家人性格是这样的”，而是让读者切身感受到“她的家人性格确实是这样的”，人物特点就能够表现得更加鲜明。

小小“动物园”

北京市第十八中学附属实验小学　王洛雯

我们家就像一个“小小动物园”，和爸爸妈妈生活在一起，我感到很幸福！

我的妈妈很爱吃蔬菜，而且很喜欢穿白色的衣服，性格很温柔，我感觉她像一只可爱的兔子一样。

妈妈从不大声批评我，更不会对我发脾气。有时候我的作业不会写，她就会搂着我的肩膀或者拉着我的手，耐心地告诉我哪儿错了，鼓励我自己思考然后改正。记得有一次我遇到了很难的数学题，妈妈都反复讲了好几遍，可我就是写不对，我都急哭了。妈妈就轻轻抱着我，替我擦干眼泪，还细声细语地安慰我，我当时感觉特别温暖，就好像小兔宝宝被兔妈妈抱着一样。我真的很爱我的“兔子妈妈”。

我的爸爸像一只“不怒自威”的狮子，因为他身体非常强壮，还总是很严肃。当然，爸爸要是发怒了，就更像怒吼的狮子了。从小到大，我最听爸爸的话，也最害怕闯祸后被爸爸发现了。有一次，我把饮料瓶子随手放在沙发扶手上，忘了盖盖子，结果在来回蹦跳的时候一不小心碰洒了。爸爸看见了，怒气冲冲地大步走过来，皱着眉头大声说：“告诉你多少次了，不许把饮料这样放在沙发上，为什么不听？赶快把它收拾干净！”我吓得不敢辩解，赶紧乖乖去收拾。后来，爸爸消气了，就坐在我身边，慢慢给我讲道理。我向爸爸认了错，保证下次再也不会犯了。爸爸看着我，认真地说：“好，爸爸相信你能做到。”我当时不知怎么就想到了电视里大狮子照顾小狮子的场景，忽然又觉得很安心。

有“狮子爸爸”和“兔子妈妈”，我们家真像一个“小小动物园”。我爱我的家！

出院指导：

这个单元的写人作文是很有趣的，但是想要写好并不容易。王洛雯同学经过两次修改，不但以家人的性格特点为重点，通过事例写出了家人与动物的相同点，而且尝试着用不同方式将自己与家人一起生活的感觉表达出来，让读者真切感受到，她的妈妈和爸爸确实就像兔子和狮子一样，用不同的方式关爱着她。

结合王洛雯修改作文的过程和收获，我想有这样几点是需要大家注意的。

第一，我们要继续保持对生活中的人和事物的敏锐观察，发现其特点和令人印象深刻之处。这是一个长期积累的过程，观察越频繁、越细致，你的写作素材就越丰富。

第二，在拥有一定积累的基础上，我们要学着打开思路，找准家人和动物之间存在的联系（甚至可能不止一处），例如外表、性格、特长等方面的共同点、相似点。这是一个需要取舍的过程，切忌面面俱到，造成家人与动物特点不对应。对于四年级的同学来说，可以把重点放在性格方面。

第三，想把自己的想法传递给读者，得到大家的认同，就要用生活中恰当的例子来证明。这又是一次取舍的过程，切记无论是粗略介绍一贯行为表现，还是通过对家人语言、动作、神态的描写，详细介绍某一次的表现，都是为表现家人与动物性格上的共同特点服务的，两种方法可以搭配着使用。

第四，我们不能满足于“陈述发生了什么事”，更要有意识地记录下自己当时的感受和想法，并学会在通过事例说明家人特点的同时，将自己的感想以多种形式表达出来，这样才能让文字传情、与读者共情。

王洛雯同学的这篇作文，就是按照这样的思路不断修改，最终把家人的特点和自己的感受表达清楚的。

四年级上册第三单元

《写观察日记》

灰泰迪犬

北京市宣武回民小学　牛彦雨涵

10 月 12 日

灰泰迪犬的毛色变浅了很多，比以前的深黑色淡了很多很多。毛发变得蓬松了许多，摸起来非常柔软。食量变大了很多，以前只吃 10 克，现在都可以吃 15 克了！真是一个能吃的家伙呢！它的变化让我很开心。

10 月 16 日

没过几天，这个小家伙的嘴、耳朵、腿，都发生了巨大的变化。嘴变长了很多，像小狗熊的嘴一样，宽宽的。耳朵长长的，小耳朵就跟要掉下来似的垂在空中。它的腿变化是最大的，之前还是一只长着小短腿的小可爱，如今已经是长着大长腿的小家伙了。它的变化让我非常意外，因为仅仅三天的时间，它的变化就很大。

10 月 20 日

它的牙齿变得又尖又弯，很锋利，可以咬断一根很粗的牛骨头。这个小家伙有一次还把我的手咬破了。鼻子也变得非常大，所以我经常叫它“大鼻子”或“大鼻头”。尾巴变长了许多，从中指的第一个关节那么短，变成了小拇指那么长，它无聊的时候就追着自己的尾巴玩。它的变化让我十分高兴。

入院筛查：

四年级上册第三单元的习作主题是“观察日记”。要想写好观察日记，最重要的准备是进行连续观察。说到观察，通俗地讲就是“细致地看、听、感受”。一种小植物的生长变化，或者一种小动物的成长变化，都蕴含了丰富的细节，认真观察，可以感受到生命的活力，享受持续发现新变化的巨大乐趣。在此基础上，按照观察日记的要求进行记录，就能够把自己观察所得的收获保存下来，也可以和其他人进行分享。

今天入院的“病文”《灰泰迪犬》中，小作者记录了一只泰迪犬三天的生活变化，包括体形方面的变化、毛色的变化、食量的变化等，有很多地方描写也挺细致，给人留下了较为深刻的印象。例如：食量从 10 克提高到了 15 克，嘴像小熊，吃牛骨头等。可见小作者在生活中观察得比较细心。

但是，我们如果将三天的日记联系起来看，就会有一种比较鲜明的感觉。这种感觉可以用一个“乱”字来概括，这是这篇“病文”最突出的“症状”。三篇日记之间似乎“你是你”“我是我”，上一篇与下一篇之间的关联很不明显。这就说明，小作者在记录三篇日记的时候，欠缺整体的构思和安排。小作者在这三天的观察过程中，一定是把自己印象最深刻的内容记了下来。在记录每一天的观察所得时，没有按照一定的顺序来写，这样就造成了三篇日记“各自为政”的局面。

其实，要想解决这个问题并不难，只要我们在记录的时候，注意“言之有序”的规律，就能够大大缓解“层次乱”的病情，使“病文”恢复健康。

灰泰迪犬

北京市宣武回民小学　牛彦雨涵

10 月 12 日

今天小泰迪犬来到我家已经满一个月了。满月的小泰迪的毛色变浅了很多，比刚进家时的深黑色淡了很多很多。毛发也变得蓬松了许多，摸起来非常的柔软。这些蓬松的毛发让它的体形看起来强壮了不少。粗略地看，它好像长大了一倍呢！最让我开心的是，它的食量变大了很多，以前只吃 10 克，现在一餐都可以吃 15 克了！真是一个能吃的家伙呢！

它的变化让我很开心。

10 月 16 日

今天，我又有时间好好观察我心爱的泰迪犬了。别看只有三天，这小家伙的毛发颜色又有了新变化。从深灰色变成了浅灰。体形方面的变化最突出。这个小家伙的嘴、耳朵、腿，都发生了明显的变化。看！它的嘴变长了很多，像小狗熊的嘴一样，宽宽的。耳朵长长的，就跟要掉下来似的垂在空中。腿的变化是最大的，前几天它站起来时只能说是“小短腿”，萌萌的，很可爱，今天看可以说已经是长着大长腿的小家伙了。它的食量也在增长，差不多又翻了一倍！一看到食物，它就两眼放光，真期待它快快长大！

10 月 20 日

又过了四天。小泰迪犬持续变化着。这几天它的毛色似乎没怎么变化，但是我用手抚摸的时候，感觉特别柔顺。妈妈说，这是它生长状态的反映。它吃得好，长得快，毛发就柔顺。这几天它的体形变化更大了！最突出的要数鼻子了。前几天，它的鼻子感觉像个五子棋，现在变得像个乒乓球那么大，所以我经常叫它“大鼻子”或“大鼻头”。它的尾巴也变长了许多，从一个关节那么短，变成了小拇指那么长，它无聊的时候就追着自己的尾巴玩，那样子既滑稽又可爱。我们开始尝试喂它一些坚硬的食物，在它吃的时候，我发现它的牙齿变得又尖又弯，初步显出锋利的特点了。它竟然可以咬断一根大拇指粗的牛骨头，真让我刮目相看，有一次喂食的时候不小心，这个小家伙把我的手给咬破了，我一点儿也不生它的气。我盼着它快些长大，带它到大自然中去奔跑、嬉戏。

医疗干预：

牛彦雨涵同学听取了修改的建议，对“病文”进行了修改。修改之后的三篇日记，读起来让人感觉条理清晰多了。三篇日记，都是从毛色、体形、食量三个方面对泰迪犬的变化进行了介绍，读者阅读三篇日记，可以清晰地感受到小泰迪犬不断成长变化的过程。这样“有序”地进行记录，三篇观察日记就产生了密切的联系，构成了一个前后关联、彼此呼应的整体，反映出了一只小动物可喜、可爱的变化过程。

当然，要想让这篇文章更加出色，以下这些方面还需要关注并修改。

第一，遵从日记的格式。日记要求在文前记录时间以及当天的天气，这样便于我们唤起对写日记时的回忆。小作者只记录了日期，还可以加上星期和天气，这样日记的格式就更加规范、完整。

第二，可以在记录泰迪犬变化的过程中，融入自己的心情和想法。这是单元习作提示同学们记录观察日记时的重要方法。我们在观察一种植物或者动物的时候，一定是因为喜爱才会投入很多的时间和精力。所以观察对象的变化，往往会引发我们内心丰富的体验和感受。把这些心情、体会写出来，可以更加全面而生动地表现出观察对象的特点来。

第三，在整体上对几篇日记进行一些规划和安排。比如，题目可以推敲得更加精彩。小作者肯定特别喜欢这位家庭新成员，但是用“灰泰迪犬”做题目，很难表现出深切的喜爱之情。日记的开头和结尾，也可以再精致一些，让读者更加清晰地感受到泰迪犬的可爱。比如，开头可以交代一下泰迪犬的来历，结尾可以更进一步地抒发小作者的喜爱之情。这样，观察日记就把小泰迪犬成长的过程生动地记录下来，珍藏了美好的岁月。将来再读这篇日记，一定可以唤起当时珍贵美好的感觉来。下面，我们来看看小作者第二次修改后的习作。

小泰迪成长记

北京市宣武回民小学　牛彦雨涵

10月12日　星期一　晴

我一直喜欢小狗，爸爸的好朋友送来一只小泰迪犬。刚进我家的时候，小泰迪犬全身黑黑的，像一团黑煤球。今天，小泰迪犬来到我家已经满一个月了。满月的小泰迪犬的毛色变浅了很多，比刚进家时的深黑色淡了很多很多，有点像2H铅笔画在纸上的痕迹。毛发也变得蓬松了许多，摸起来非常柔软，只是不够顺滑，有点涩。这些蓬松的毛发让它的体形看起来强壮了不少。粗略地看，它好像长大了一倍呢！

最让我开心的是，它的食量变大了很多，以前它只吃 10 克米糊、牛奶搅拌的特殊餐饭，现在一餐都可以吃 15 克了！真是一个能吃的家伙呢！它的变化让我很开心。

10 月 16 日 星期五 晴

今天，我又有时间好好观察我心爱的泰迪犬了。别看只有三天，这小家伙的毛发颜色又有了新变化。从深灰色变成了浅灰，特别像阴雨过后天空的颜色，淡淡的一层，我猜它的毛色还会变化，说不准将来能成为一位白雪公主呢！它的体形方面的变化最突出。这个小家伙的嘴、耳朵、腿，都发生了明显的变化。看！它的嘴变长了很多，像小狗熊的嘴一样，宽宽的，有点像播音员呢。耳朵也拉长了，就跟要掉下来似的垂在空中。腿的变化是最大的，前几天它站起来时只能说是“小短腿”，萌萌的，很可爱，今天看，可以说已经是大长腿了。它的食量也在增长，差不多又翻了一倍！每次我刚把牛奶糊糊放到它的餐盘里，它就奋不顾身冲过来，两眼放光，呼噜噜地大吃一顿，真有点让人哭笑不得，好像生怕有人跟它抢食似的。它这样能吃，我其实很高兴，这正是它茁壮成长的表现嘛！

10 月 20 日 星期二 小雨

又过了四天，小泰迪犬持续变化着。这几天它的毛色似乎没怎么变化，但是我用手抚摸的时候，感觉特别柔顺。妈妈说，这是它良好生长状态的反映。它吃得好，长得快，毛发就柔顺。这几天它的体形变化更大了！最突出的要数鼻子了。前几天，它的鼻子感觉像个五子棋，现在变得像个乒乓球那么大，仔细看，上面湿润润的，有很多小黑眼，应该是呼吸的小孔隙。我经常举着它的前肢，叫它“大鼻子”或“大鼻头”，它伸伸粉红色的舌头，呼呼喘着气，好像听懂了似的，真可爱。它的尾巴也变长了许多，从一个关节那么短，变成了小拇指那么长。无聊的时候，它就追着自己的尾巴玩，那样子既滑稽、又可爱。在爸爸的建议下，我开始尝试喂它一些坚硬的食物，在它吃的时候，我发现它得牙齿变的又尖又弯，初步显出“锋利”的特点了。它竟然可以咬断一根大拇指粗的牛骨头，真让我刮目相看。有一次喂食的时候，我不小心被这个小家伙把手给咬破了，我一点儿也不生它的气，我盼着它快些长大，带它到大自然中去奔跑、嬉戏。它来到我家，我觉得自己多了一个好伙伴，它让我的生活增添了很多很多乐趣。我爱我家的小泰迪。

出院指导：

经过第二次修改，这三篇观察日记组成了一个有机的整体。阅读的过程中，一只快速成长、充满活力的泰迪犬跃然纸上。这篇习作从“生病”到“健康”的转变过程，可以给我们重要的启发。

第一，同学们在进行观察的时候，应该注意从不同的方面进行。比如说，颜色、大小、形态、声音等，充分运用自己的眼睛、耳朵、鼻子等感官观察动植物的变化过程，捕捉变化过程中的细节。更为重要的是，在动笔写观察日记的时候，要注意有序展开；几篇观察日记，最好遵从相同的顺序展开，这样读者在阅读的时候，能够从文字中感受到观察对象不同方面的变化过程。即使是作者过了一段时间，回过头来再读自己的观察日记，也可以更加顺利地回忆起当时的感受和发现。

第二，记录观察日记，应该紧密结合自己的心情和想法。如果只记录观察对象的变化，不融入自己的感受和体会，日记就很像“流水账”，读起来趣味性不强。人们往往因为喜爱才去观察，那么为什么不好好记录一下观察时的体验呢？

第三，认真记录观察日记，就是在为写作能力打基础。请大家再看一看修改好的三篇观察日记，如果删去日记前面的日期和天气，把三篇日记联在一起，段落间稍加调整、过渡，是不是一篇成熟的作文？答案是肯定的。在这个单元的课文学习中，大作家叶圣陶连续观察，写出了《爬山虎的脚》；大作家法布尔连续观察，写出了《蟋蟀的住宅》；小作者牛彦雨涵连续观察，也写出了《小泰迪成长记》。看来，认真观察，及时记录，确实是提升写作能力的重要方法啊！

四年级上册第四单元

《我和______过一天》

我和孙悟空过一天

北京市垂杨柳中心小学　刘宇宸

今天，我吃完早饭下楼去玩，突然，一朵白色的云猛地飞了过来，从云上跳下了一个人，那不正是齐天大圣孙悟空嘛！孙悟空对我说："小娃娃，听说你是我的粉丝，今天我就带你去我的花果山看看吧！"我想都没想就答应了。

我和孙悟空来到花果山，花果山上的树真茂盛，很多小猴子在树林间跳来跳去，真是非常热闹。我们来到水帘洞前，孙悟空对我说："今天你是客人，请上坐！"这水帘洞真是非常宽敞明亮，冬暖夏凉，坐在这儿别提多舒服了。

不一会儿，来了一群小猴子，我和小猴子们跳起了舞，我们互相拉着，一起跳呀，摇呀，晃呀，特别开心。孙悟空也和我们一起玩了，他在我们身边翻起了跟头，一下子就翻出了好多个圈，而且越翻越快，最后快得我都看不清了，旁边的猴子猴孙们也拍手叫好，突然间他一下子翻出了水帘洞，一下子跳入瀑布又跳了出来。我想要是孙悟空去参加运动会，那世界冠军也不可能战胜他。

我在花果山玩了一会儿，孙悟空让我坐他的筋斗云，孙悟空把他的筋斗云叫了过来，让我跳了上去。我害怕我会掉下去，孙悟空看出了我的心思，说道："你不要害怕，上去就行了。"说着把我推了上去，我一上去，筋斗云就突然前冲，我"啊——"的一声尖叫，脚一滑，就掉了下去。

"丁零零……"一阵铃声让我落到了床上，原来是一场梦呀！我真希望美梦成真。

入院筛查：

四年级上册第四单元的习作题目是《我和______过一天》，写作要求是"展开想象，写一个故事"。说到故事，同学们在三年级上册"童话"单元已经进行过相关的练习，大家读童话，根据提示展开想象，尝试创编了一个童话故事。四年级这个单元的习作，要求同学们和神话人物（或童话人物，如白雪公主等）一起过一天，创编一个故事。

这次入院"病文"《我和孙悟空过一天》，小作者刘宇宸同学展开了想象，和孙悟空来到了花果山。赏风景、看猴群表演、驾筋斗云，确实度过了快乐的一天。但是，如果对照习作要求"写一个故事"，那么这篇文章的"病情"还是比较明显的，因为这篇习作内容是由几个零碎的片段组成的，没有按照事情的起因、经过、结果，创编一个完整的故事。为了进一步说明这种"病情"，可以对照着这个单元的几篇课文来看。这个单元安排了四个神话故事，分别是《盘古开天地》《精卫填海》《普罗米修斯》《女娲补天》。四篇课文虽然篇幅不同、出处不同、语言风格也不同，但是最突出的共同点就是都写了一个完整的故事。拿篇幅最短的《精卫填海》来说，故事的起因是女娃到东海游玩；经过是不幸溺死，化身为精卫；结果是常衔西山之木石，以堙于东海。另外三篇神话，也可以按照起因、经过、结果，非常清楚地把故事的经过复述下来。因此，这篇习作特别突出的问题在于没有创编一个完整的故事。

此外，这篇“病文”在想象力方面，也还有很大的提升空间。和孙悟空过一天，这是多么难得的机会啊！在文中，孙悟空只是给小作者表演了翻跟头、带他驾筋斗云，这些任务对孙悟空来讲难度太小了吧？能和孙悟空过一天，你不想看看他的七十二变？不想让他教你一些神奇的本领？不想和他去征战一次？围绕着这些话题展开想象，是不是能增加故事的神话色彩呢？

我和孙悟空过一天

北京市垂杨柳中心小学　刘宇宸

今天，我吃完早饭下楼去玩，突然，一朵白色的云猛地飞了过来，从云上跳下了一个人，那不正是齐天大圣孙悟空嘛！孙悟空对我说：“小宇宸，听说你是我的粉丝，快随我来！随我来！”我想都没想，就跳上了他的筋斗云。

在天上飞着，孙悟空对我说："我们师徒四人取经，现在遇到了一个难题。有一个圣婴大王——红孩儿，他能从嘴里喷火，好生厉害。你个子小，又是个小孩子模样，你帮我做一件事情。事成之后，我收你为徒。"能拜孙悟空为师，我当然很高兴，满口答应下来。

说时迟，那时快，我们在一座山头落下。孙悟空朝我吹了一口气，神奇的事情发生了。我竟然变成了小喽啰的模样，身上穿着小肚兜，一摸脑袋是个朝天锥，手里多了一面锣、一把锤。我再一抬头，孙悟空不见了，原来他化身为我的一根头发，跟在了我的耳边。

我鼓起勇气，一面敲着锣，一面朝洞里走，顺利地进入了山洞。红孩儿就坐在宝座上，旁边绑着唐僧、猪八戒和沙和尚，红孩儿一脸得意地说："孙悟空有什么厉害？在这个世界上，除了观音，我谁也不怕！"孙悟空在我耳边说："哈哈！找到红孩儿的弱点了。你在此等我，老孙去去就来！"说完，我耳边多出一只蚊子，嗡嗡嗡地飞出了山洞。

不一会儿，山洞外传来了喊杀声，原来孙悟空请来了观音。我和唐僧、猪八戒、沙和尚，都得救了。

医疗干预：

宇宸同学听从了老师的建议，对"病文"进行了修改。这次修改的幅度不小，既改变了故事发生的地点，从花果山变到了红孩儿的山头上，也改变了习作的主要内容，从零碎的片段变成了一个完整的故事。修改后，我们能够非常清楚地看出故事的全过程。故事的起因是，小作者被孙悟空邀请，去帮助寻找战胜红孩儿的办法；故事的经过部分，小作者化身为一个小喽啰的模样、带着同样化身为头发的孙悟空进入山洞里，偷听到了战胜红孩儿的好办法；故事最后的结果是，孙悟空请来了观音，解救了大家。修改后的习作，已经实现了“写一个故事”的习作基本要求，这是非常重大的进步。

当然，这篇习作还有继续提升的空间。作为一篇想象作文，我们期待着作者能够展开丰富的想象，让故事的神话色彩更加鲜明。比方说：和孙悟空在一起，会展开怎样的交流？妖怪红孩儿的山洞是个什么模样？在妖怪的山洞里，小作者会不会遇到什么危险？进一步展开想象，增加更多的细节，可以让这个故事增加更多的趣味性。在这个方面，我们可以借鉴本单元几篇课文表达的方法。例如：《盘古开天地》重点描写了盘古倒下后，他的身体各方面发生的巨大变化；《普罗米修斯》重点描写了众神之间的对话以及普罗米修斯受难的过程；《女娲补天》重点描写了女娲寻找七彩石的过程。那么，在这篇作文中，如果有意识地增加故事发展过程中对于细节的想象，相信文章一定会更有意思的。

我和孙悟空过一天

北京市垂杨柳中心小学　刘宇宸

今天，我吃完早饭下楼去玩，突然，一朵白色的云猛地飞了过来，从云上跳下了一个人，那不正是齐天大圣孙悟空嘛！他穿着虎皮裙，满脸焦急地对我说：“小宇宸，听说你是我的粉丝，快随我来！随我来！”我特别喜欢孙悟空，收到他的邀请，想都没想就跳上了他的筋斗云。

在天上飞着，脚下的村庄、树林、河流，都飞快地向后闪着。孙悟空对我说：“我们师徒四人取经，现在遇到了一个大麻烦。有一个圣婴大王——红孩儿，他能从嘴里喷火，好生厉害。你个子小，又是个小孩子模样，你帮我做一件事情。事成之后，我收你为徒。”能拜孙悟空为师，我当然很高兴，满口答应下来。我可没料到，后面竟会遇到那么惊险的事情。

说时迟那时快，我们在一座山头落下。这座山林树丛茂密，不远处就有一个山洞。洞口边还有几个小喽啰在巡逻呢！这些小喽啰年纪和我差不多，发型都是朝天锥，上身只穿着一件小肚兜，各个手里举着刀枪，样子还挺可怕！孙悟空仿佛看出了我的心思，对我说：“没事！别怕！我给你化化装。”说完，他朝我吹了一口气，神奇的事情发生了。我竟然也变成了小喽啰的模样，身上穿着小肚兜，一摸脑袋也是个朝天锥，而且手里多了一面锣、一把锤。我再一抬头，孙悟空不见了。我耳边却响起了说话声：“宇宸，我们进到山洞里去打探一番。”原来，孙悟空变成了我的一根头发。

我鼓起勇气，一面敲着锣，一面朝洞里走。小喽啰们根本没有发现我这个假扮的小妖怪。我带着孙悟空，顺利地进入了山洞。山洞里灯火通明，红孩儿就坐在最高处的宝座上，他跟电视上的样子差不多，长得挺可爱的。在他的宝座边上，就绑着唐僧、猪八戒和沙和尚。红孩儿一脸得意地说：“孙悟空有什么厉害？在这个世界上，除了观音，我谁也不怕！”孙悟空在我耳边说：“哈哈！找到红孩儿的弱点了。你在此等我，老孙去去就来！”说完，我耳边就多出一只蚊子，嗡嗡嗡地飞出了山洞。不用说，这是孙悟空变化出来的，他去搬救兵了。

我愣在原地，红孩儿突然瞪起眼睛，冲我喊道：“那个小妖，我怎么没有见过你！”我支支吾吾不知怎么回答，一下子暴露了自己。红孩儿命令其他妖怪把我抓起来，还说我是孙悟空变化的。我心里可着急了，差点就哭出来了。这时候，山洞外传来了喊杀声，原来孙悟空已经请来了观音。红孩儿率领小妖怪出洞作战，被观音降伏了，我和唐僧、猪八戒、沙和尚，都得救了。

我想拜孙悟空为师，他却说要等取经回来再举行拜师仪式。我特别着急，一下子醒了！原来，我是在梦中和孙悟空过了一天。这一天，真有意思！

出院指导：

经过第二次修改，小作者在很多地方添加了对于细节的想象，让故事的神话色彩凸显出来。比方说，和孙悟空之间的对话，对于红孩儿山头和山洞的描写，自己暴露身份被抓等，都让我们感受到了神话的味道。现在看来，这篇习作圆满实现了习作的要求“展开想象，写一个故事”，可以健康出院了。

很多同学在面对想象作文的时候，不敢想，不愿想，担心自己的想象不着边际，不合情理，这些担心虽然有道理，但不可取。想象作文赋予了同学们创造思维的权利和空间，展开想象的翅膀，在习作中放飞自己的个性，写出令人耳目一新的想象作文，是一件令人快乐无比的趣事。

怎样去想象呢？其实，习作的要求就是重要的提示。在很多想象作文的习作要求中，对同学们怎样创作进行了非常重要的指导。就拿这篇《我和 ______ 过一天》来说，同学们首先要选择一个自己最喜欢的神话人物或童话人物来写，因为他（她）一定是你的最爱，和他（她）在一起，能带给你很多的快乐。之后，习作要求写清楚你们“去哪里”“做什么”，这就是在提示你可以更进一步想象的内容。在那个你感兴趣的环境中，你们可以共同去解决一个问题，这是多么令人神往的美事啊！就像这篇《我和孙悟空过一天》，小作者和孙悟空来到了红孩儿的山洞里，帮助孙悟空打探消息，战胜了这个圣婴大王，多有意思啊！如果你愿意，还可以在想象世界里，让自己拥有某种超能力，和心爱的偶像一起合作，肯定充满挑战的乐趣。

在完成想象作文的过程中，心灵有如经历了一次神奇的旅行，也宛如做了一个精彩美好的梦，好梦难得！想象作文，就是可以由同学们自己创造的好梦啊！

四年级上册第五单元

《生活万花筒》

戒烟风波

北京市垂杨柳中心小学　曹恩

我的爸爸非常风趣。他身上最大的毛病是吸烟，每天放学回家我都闻到一股浓浓的烟味儿，因为爸爸老爱吸烟，所以我和妈妈决定帮助爸爸改掉这个毛病。

首先妈妈决定开始说服爸爸："吸烟不仅有害身体健康，而且它也会破坏环境，影响孩子健康。"爸爸听完这一番话后有两种想法，第一种就是迅速戒烟，另外一种就是不在室内吸烟跑到室外吸烟。这两种想法在爸爸的脑海里浮现，过了一会儿，他说："可以，我不抽烟了。"其实他已经想好了"对策"。

其实爸爸的这种方法还是没能逃过妈妈。她在洗衣服的时候发现爸爸的裤子里面有半包香烟，于是他就逼着爸爸说出来那半包香烟的来龙去脉。妈妈听完后很生气，于是跟爸爸约定如果再吸烟，抽一次烟罚款一千元。爸爸下定决心表示再也不吸烟了。哈哈，原来爸爸是个守财奴啊！

但是我发现爸爸的烟瘾并没有完全戒掉。有一天，他趁妈妈买菜的时候跑到卫生间去吸烟，虽然没有被妈妈发现，但是被我看见了，我告诉了妈妈，妈妈气得火冒三丈，她惩罚了爸爸。后来爸爸就把注意力分散开，烟瘾上来的时候，他就看电视或者吃些零食。最终爸爸不负众望，成功地戒掉了烟瘾。

在这场“戒烟风波”中，我发现了两个秘密：一个是爸爸是个守财奴；另外一个是信念的重要性，只要内心想要做某件事，就一定会成功。

入院筛查：

四年级上册第五单元是习作单元，单元语文习作要求为写一件事，把事情写清楚。单元习作的主题为“生活万花筒”，习作要求我们选一件印象深刻的事，按一定的顺序把事情的经过写清楚。选取的事情可以是我们亲身经历的，可以是我们看到的，也可以是我们听说的。

在本单元课文的学习过程中，我们知道要把一件事写清楚，作者就要把看到的、听到的、想到的都写下来，才能活灵活现地展现事情发生时的情形，事情的经过才能写清楚。

这篇文章按照事情发展的顺序，描写了事情发生的起因、经过、结果。比如：《戒烟风波》的起因是家里总是有浓浓的烟味儿；经过是妈妈和我与爸爸斗智斗勇，帮助爸爸戒烟；结果是爸爸不负众望戒烟成功。虽然小作者把事情的起因、经过、结果写全了，但是仍然存在一些问题。

第一，起因和经过部分的表述不够清楚、明白。在本单元的学习中，我们知道，要把自己看到的、听到的、想到的内容像电影重现一样写下来，事情就写清楚了。比如：《戒烟风波》中“每天放学回家我都闻到一股浓浓的烟味儿，因为爸爸老爱吸烟，所以我和妈妈决定帮助爸爸改掉这个毛病”，为什么我和妈妈决定要帮爸爸改掉这个毛病没有交代清楚。再如：“爸爸说出来那半包香烟的来龙去脉”，爸爸说了什么？到底发生了什么？妈妈又是怎么回应的？小作者没有交代清楚。我们就不知道爸爸在戒烟的过程中经历了哪些，爸爸的戒烟之路有多么不容易，为什么能称之为“戒烟风波”。爸爸戒烟的过程主要描写了三次爸爸与妈妈的交锋，在交锋过程中，爸爸妈妈说了什么？他们各自有什么反应？我建议曹恩同学把这些内容写清楚，着重描写爸爸妈妈的语言和神态，这样事情自然就交代明白了。

第二，语言表达不完整、不准确。比如：“其实爸爸的这种方法还是没能逃过妈妈”这句话没说完，完整的叙述应该是“其实爸爸的这种方法还是没能逃过妈妈的火眼金睛”。再如：“吸烟不仅有害身体健康，而且它也会破坏环境，影响孩子健康”，身体的健康和孩子健康表述有重叠，作者想表达的是不仅对自己的身体健康有害，而且对孩子的身体健康也有危害。“破坏环境”这个说法也不准确，应该是“污染环境”，这句话改完应为“吸烟不仅有害你的身体健康，而且也会污染咱们家的环境，还会影响孩子健康”。

戒烟风波

北京市垂杨柳中心小学 曹恩

我的爸爸非常风趣，对我也非常好，但是他身上最大的毛病是吸烟，每天放学回家我都闻到家里一股浓浓的烟味儿。看到电视宣传片里吸烟人的肺都是黑黑的，为了爸爸的健康，我和妈妈决定帮助爸爸改掉这个毛病。

妈妈和我商量，决定先说服爸爸。她语重心长地对爸爸说："吸烟不仅有害你的身体健康，而且也会污染咱们家的环境，还会影响孩子健康。你不为自己考虑，也要为孩子考虑，努努力把烟戒了吧。"爸爸听完这一番话后有两种想法，第一种就是迅速戒烟，另外一种就是不在室内吸烟跑到室外吸烟。这两种想法在爸爸的脑海里浮现，过了一会儿，他说："可以，我不抽烟了。"其实他已经想好了"对策"。

但是爸爸的"对策"还是没能逃过妈妈的火眼金睛。一天，妈妈在洗衣服的时候发现爸爸的裤子里面有半包香烟，生气地叫来爸爸，逼问他："这包烟哪儿来的？"爸爸知道秘密暴露了，心虚地说："别人给的，不好意思不拿呀。""你不是说不抽烟了吗？"妈妈提高了嗓门。"你说在家抽烟会影响孩子健康，我在外面抽，又没在家抽，再说这是正常的应酬呀……"爸爸的声音越来越小。妈妈听完后更生气了："你还会找理由了！只是怕影响孩子健康才不让你抽烟吗？你自己的健康不重要吗？你没看到广告里抽烟人的肺是什么样吗？"最终爸爸低头了："我知道错了，为了我们一家人的健康，从今天开始我一定好好戒烟。”他跟妈妈约定如果再吸烟，抽一次烟罚款一千元。爸爸终于下定决心再也不吸烟了。哈哈，原来爸爸是个守财奴啊！

但是我发现爸爸的烟瘾并没有完全戒掉。有一天，他趁妈妈买菜的时候跑到卫生间去吸烟，虽然没有被妈妈发现，但是被我看见了，我告诉了妈妈，妈妈气得火冒三丈，她惩罚了爸爸。后来爸爸就把注意力分散开，烟瘾上来的时候，他就看电视或者吃些零食。最终爸爸不负众望，成功地戒掉了烟瘾。

在这场“戒烟风波”中，我发现了两个秘密：一个是爸爸是个守财奴；另外一个是信念的重要性，只要内心想要做某件事，就一定会成功。

医疗干预：

习作修改之后，事情的起因、经过果然写得清楚了。但文章还存在一些小问题。

第一，心理描写运用得不恰当。我们知道写清楚过程就是作者要把看到的、听到的、想到的写出来。这里的想法应该是作者的想法，我们不可能在事情发生的时候直接知道别人的想法，只能通过他的语言、动作来推测他当时的想法。因此，第二自然段对爸爸想法的描写就不太恰当。应该是通过第三自然段事情的发展，我们才知道爸爸其实不是真的要戒烟，而是想好了对策，想糊弄妈妈和“我”。这一部分应该做调整。

第二，与戒烟无关的内容不应该写。通过题目《戒烟风波》，我们知道小作者主要想描写爸爸反复戒烟的过程，爸爸很风趣与戒烟事件无关，因此第一自然段中“我的爸爸非常风趣”就应该删掉。文章的结尾有些画蛇添足，戒烟风波，把事情的起因、经过、结果写好就可以了，不用再总结提升了。

戒烟风波

北京市垂杨柳中心小学　曹恩

爸爸对我非常好，但是他身上最大的毛病就是爱吸烟，每天放学回家我都闻到家里有一股浓浓的烟味儿。看到电视宣传片里吸烟人的肺都是黑黑的，为了爸爸的健康，我和妈妈决定帮助爸爸改掉这个毛病。

妈妈和我商量，决定先说服爸爸。她语重心长地对爸爸说：“吸烟不仅有害你的身体健康，而且也会污染咱们家的环境，还会影响孩子健康。你不为自己考虑，也要为孩子考虑，努努力把烟戒了吧。”爸爸听完这一番话后，想了想说：“可以，为了孩子的健康，我以后不抽烟了。”其实他已经想好了“对策”。

但是爸爸的“对策”还是没能逃过妈妈的火眼金睛。一天，妈妈在洗衣服的时候，发现爸爸的裤子里面有半包香烟，生气地叫来爸爸，逼问他：“这包烟哪儿来的？”爸爸知道秘密暴露了，心虚地说：“别人给的，不好意思不拿呀。”“你不是说不抽烟了吗？”妈妈提高了嗓门。“你说在家抽烟会影响孩子健康，我在外面抽，又没在家抽，再说这是正常的应酬呀……”爸爸的声音越来越小。妈妈听完后更生气了：“你还会找理由了！只是怕影响孩子健康才不让你抽烟吗？你自己的健康不重要吗？你没看到广告里抽烟人的肺是什么样吗？”最终爸爸低头了：“我知道错了，为了我们一家人的健康，从今天开始我一定好好戒烟。”他跟妈妈约定如果再吸烟，抽一次烟罚款一千元。爸爸终于下定决心再也不吸烟了。哈哈，原来爸爸是个守财奴啊！

但是我发现爸爸的烟瘾并没有完全戒掉。有一天，他趁妈妈买菜的时候跑到卫生间去吸烟，虽然没有被妈妈发现，但是被我看见了，我告诉了妈妈，妈妈气得火冒三丈，她惩罚了爸爸。后来爸爸就把注意力分散开，烟瘾上来的时候，他就看电视或者吃些零食。最终爸爸不负众望，成功地戒掉了烟瘾。

出院指导：

本单元的习作要求是选一件印象深刻的事，按一定的顺序把这件事情写清楚。我们可以把它分解为两个要求：一是按照起因、经过、结果的顺序叙述印象深刻的事情，二是把事情写清楚。写清楚事情的起因、经过、结果，文章的思路就清晰了；把看到的、听到的、想到的都写下来，文章的内容就清楚了。本文内容安排详略得当，重点突出。通过两次修改，小作者交代清楚了起因、经过、结果，让读者感受到了，爸爸戒烟真是一波三折，赶紧来读读这篇文章吧，相信它一定能在写作上给你一些启发。

《记一次游戏》(一)

难忘的联欢会

北京市垂杨柳中心小学　张道明

不平凡的2020年终于要过去了，明天是一个新的开始。我们满怀期待，在班主任白老师的带领下把教室布置得喜气洋洋。因为在这间教室里，我们要开联欢会迎接新年的到来。

早上，进入教室，同学们都神采奕奕，也都穿上了自己最喜欢的衣服。就连平时不修边幅的数学老师也打扮得格外帅气。语文老师更是美得像公主一样。

游戏马上就要开始了，第一个游戏叫作“王牌投手”。这一个游戏需要的道具非常少——只需要四根筷子和一个矿泉水瓶子就可以了！游戏玩法就是拿一根筷子放到自己眼前，然后投向一个离自己约30厘米的矿泉水瓶子。如果筷子投进了矿泉水瓶子的话，则投手加一分，积分越多联欢会结束后得到的奖品越好。同学们在底下一边为上场的同学加油，一边在心里盘算着一会儿自己上场该如何投掷。

终于轮到我了，我连忙把筷子扔向矿泉水瓶子，结果连瓶子的边也没碰上，更别说进瓶子了。我很不甘心，又开始拿起筷子投掷。结果因为我太心急，还没瞄准就把筷子扔了出去，导致后面三次机会一次都没中。而此时，我看见旁边的曹恩动作稳，下手准，一下就把筷子投进了矿泉水瓶子里，我非常羡慕。本来答应同桌获得的礼物都给她，可是，没想到一无所获。我只能惭愧地对她说一句“新年快乐”。希望在2021年我们的友谊和学习成绩能够更上一层楼。我发现平常性格最腼腆的同学，今天表现得都很活泼，平常关系不融洽的同学也变得有说有笑。一向很严厉的老师也开心得像个孩子。

今天的联欢会我感受到了快乐、美好和难忘！

入院筛查：

这一单元的习作内容是记一次游戏，要求是把游戏过程写清楚。在这篇文章中，小作者向我们介绍了新年联欢会上一个叫“王牌投手”的游戏。通过小作者的介绍，我们一下就能很清楚地了解了这个游戏的规则，语言简练且准确，这点是非常值得肯定的！

我们再看小作者后边所写的游戏过程是否清楚呢？所谓“过程”，词典中给的解释是“事情进行或事物发展所经过的程序”。“清楚”在词典中的解释是“事物容易让人了解、辨认”。也就是说要求中指出的把游戏过程写清楚，指的是通过我们的习作让读者了解我们是如何进行游戏的。

有了这样的理解，我们再看小作者写的游戏过程。小作者在介绍游戏过程时，只写了一些自己和同学在游戏中的表现，而没有把自己和同学当时是如何进行游戏的写清楚，游戏时的场景也没有写清楚。这样就不能让读者清晰地了解整个游戏的过程。

那应该如何做呢？我们还是先看一看教材。教材中小泡泡里面的话有注意到吗？它提示我们：拍摄一些游戏时的场景，可以帮助我们写好游戏。找到记录当时游戏场景的照片，仔细观察。你能回忆起当时自己的语言、动作吗？当时一起玩游戏的小伙伴都说了什么？做了什么？有什么动作和神态呢？还可以想一想你玩游戏时，矿泉水瓶和筷子的状态又是怎样的。当然啦，还可以想一想观众或裁判的反应。如果能在习作中增加这些印象深刻的内容，把游戏的场景交代清楚，读者就能更清楚地了解你玩游戏的过程啦！

难忘的联欢会

北京市垂杨柳中心小学　张道明

不平凡的2020年终于要过去了，明天是一个新的开始。我们满怀期待，在班主任白老师的带领下把教室布置得喜气洋洋。因为在这间教室里，我们要开联欢会迎接新年的到来。

早上，进入教室，同学们都神采奕奕，也都穿上了自己最喜欢的衣服。就连平时不修边幅的数学老师也打扮得格外帅气。语文老师更是美得像公主一样。

游戏马上就要开始了，第一个游戏叫作“王牌投手”。这一个游戏需要的道具非常少——只需要四根筷子和一个矿泉水瓶子就可以了！游戏玩法就是拿一根筷子放到自己眼前，然后投向一个离自己约30厘米的矿泉水瓶子。如果筷子投进了矿泉水瓶子的话，则投手加一分，积分越多联欢会结束后得到的奖品越好。同学们在底下一边为上场的同学加油，一边在心里盘算着一会儿自己上场该如何投掷。

终于轮到我上场了。我走到游戏场地，深深吸了一口气，心里暗暗说道：“别紧张，别紧张，你一定可以的！”老师看出了我的紧张，拍拍我的肩膀，对我说：“没事的，放轻松，瞄准瓶口向里扔就可以啦！”于是，我放松心态，从老师手里接过筷子，举起来，一只眼睛微微眯上，另一只眼睛向矿泉水瓶瞄准。当我把筷子扔向矿泉水瓶子时，所有人都屏住了呼吸，直直地看着我扔出去的筷子。结果在大家期待的目光中，筷子连瓶子的边也没碰上，更别说进瓶子了。所有人都长叹一口气，表示遗憾。我也一拍脑门，不禁“哎呀”一声。我很不甘心，又开始拿起筷子投掷。结果因为我太心急，还没瞄准就把筷子扔了出去，导致后面三次机会一次都没中。而此时，我听到同学们都为站在我旁边的曹恩欢呼着。只见曹恩动作稳，下手准，筷子一下就向矿泉水瓶子里插去并稳稳地立在那里。别提我有多羡慕了。本来答应同桌获得的礼物都给她，可是，没想到一无所获。我只能惭愧地对她说一句“新年快乐”。希望在2021年我们的友谊和学习成绩能够更上一层楼。我发现平常性格最腼腆的同学，今天表现得都很活泼，平常关系不融洽的同学也变得有说有笑。一向很严厉的老师也开心得像个孩子。

今天的联欢会我感受到了快乐、美好和难忘！

医疗干预：

小作者修改后的文章在内容上更加清楚了，尤其是自己参与游戏时的这部分内容描写很细致、很清楚。不仅加上了自己当时的动作、心理，还对当时老师的动作、语言，观看游戏时同学们的反应都进行了描写。这样，我们不仅能读懂游戏的过程，还能通过小作者这样清楚的表达身临其境一般，深切地体会到小作者当时的感受。

下一步，我们就需要看看文章的表达啦！整篇文章其实主要描写了联欢会上玩“王牌投手”游戏的过程。所以文章中一些与主要内容无关的部分，我们可以简写或不写。此外，文章的结尾写出了对这次游戏的感受和想法，但是表达还不够清楚。那怎样才能把自己的想法和感受写清楚呢？我们还是从教材上来找一找方法。教材中给了我们一些例子，比如：应遵守规则，伙伴间要团结协作，遇事要勇敢果断，坚持到底……再回顾一下这一单元的课文《陀螺》中表达作者自己感受的片段，作者用一句古话“人不可貌相，海水不可斗量”，表达了自己游戏后的感受与想法。我们也可以把自己游戏后的具体感受或想法用自己的话直接表达或者引用谚语、诗句等进行表达。

另外，我们还可以给习作换个能反映自己感受的题目哟！

下一个“王牌投手”

北京市垂杨柳中心小学　张道明

不平凡的2020年终于要过去了，明天是一个新的开始。我们满怀期待，在班主任白老师的带领下把教室布置得喜气洋洋。因为在这间教室里，我们要开联欢会迎接新年的到来。

在联欢会上，有一个让我印象特别深刻的游戏，叫作“王牌投手”。这一个游戏需要的道具非常少——只需要四根筷子和一个矿泉水瓶子就可以了！游戏玩法就是拿一根筷子放到自己眼前，然后投向一个离自己约30厘米的矿泉水瓶子。如果筷子投进了矿泉水瓶子的话，则投手加一分，积分越多联欢会结束后得到的奖品越好。同学们在底下一边为上场的同学加油，一边在心里盘算着一会儿自己上场该如何投掷。

终于轮到我上场了。我走到游戏场地，深深吸了一口气，心里暗暗说道：“别紧张，别紧张，你一定可以的！”老师看出了我的紧张，拍拍我的肩膀，对我说：“没事的，放轻松，瞄准瓶口向里扔就可以啦！”于是，我放松心态，从老师手里接过筷子，举起来，一只眼睛微微眯上，另一只眼睛向矿泉水瓶瞄准。当我把筷子扔向矿泉水瓶子时，所有人都屏住了呼吸，直直地看着我扔出去的筷子。结果在大家期待的目光中，筷子连瓶子的边也没碰上，更别说进瓶子了。所有人都长叹一口气，表示遗憾。我也一拍脑门，不禁“哎呀”一声。我很不甘心，又开始拿起筷子投掷。结果因为我太心急，还没瞄准就把筷子扔了出去，导致后面三次机会一次都没中。而此时，我听到同学们都为站在我旁边的曹恩欢呼着。只见曹恩动作稳，下手准，筷子一下就向矿泉水瓶子里插去并稳稳地立在那里。别提我有多羡慕了。本来答应同桌获得的礼物都给她，可是，没想到一无所获。我只能惭愧地对她说一句“新年快乐”。希望在2021年我们的友谊和学习成绩能够更上一层楼。

联欢会还在继续进行，而我却还一直沉浸在“王牌投手”的游戏中，我知道下次我可不能太心急了，一定要稳住，抓住每一次机会，我一定会成为下一个“王牌投手”。

出院指导：

这次修改之后，习作详略得当，也很清楚地写出了自己的真情实感。不仅如此，小作者能够抓住一些细节描写，清晰呈现出游戏当时的过程和作者的感受。比如，小作者在第三自然段写到投掷筷子时，一系列的动作描写，让读者体会到游戏过程中“我”想要投进的决心。再比如，当“我”第一根筷子没有投进时，小作者又描写出大家的反应和“我”的反应，让读者体会到当时大家的遗憾。这样的描写很好地凸显了作者的真情实感。

此外，作者还能在文章结尾就游戏过程引发思考，用自己的话清楚直接地表达了想法和感受，引人深思。

《记一次游戏》（二）

火车开“过”了

北京市垂杨柳中心小学 熊晶玥

午休的时候，我们班里传来了一阵阵欢声笑语，那是我们班的同学正在玩有趣的“开火车”游戏。

刚开始，只听老师说道：“开呀开呀开火车，济南的火车真好开。”这时候同学们问火车往哪里开，老师说：“往长沙开。”这时选择“长沙”的同学就把老师的话重复一遍，然后又喊出了“往南京开”。每次同学说到火车开往哪儿的时候我的心都提到了嗓子眼儿，生怕同学会说到我选的地点。幸好，前几轮都没说到我选的地点，不过有一轮还是说到了我选的地点，那时候我正在暗暗祈祷：不要选到我，不要选到我。连那个同学说的话我都没听见，直到旁边同学提醒，最后由于太紧张了，还是被淘汰掉了，我顿时像霜打了的茄子，蔫了。

最后呢，淘汰掉了十几个人。虽然我有点不甘心，不过还是要恭喜他们。下课后，同学们都依依不舍离开了教室，纷纷说还没有玩够。但这美好的回忆却深深地印在了我们的脑海里。

入院筛查：

这一单元的习作内容是记一次游戏，要求是把游戏过程写清楚。在这篇文章中，小作者向我们介绍了玩“开火车”的游戏过程。但是读过这篇文章之后，我们发现这位小作者只是把游戏的过程记录下来，而没有交代清楚游戏的规则。想想看，如果是一个没有玩过这个游戏的读者来阅读这篇习作，他不了解这个游戏，那么读这篇文章就会有一种读不懂的感觉。因为读者不明白这个游戏的规则流程到底是怎样的，所以也就没法看懂小作者写的这个游戏的过程了。因此，先讲清游戏规则这点很关键。既然是记一次游戏，要把游戏的过程写清楚，那么我们首先就要让读者了解我们的游戏到底是怎么玩的，在这样的基础上我们再去写进行游戏的过程，就能写清楚了，也能让读者读明白了。

其实在教材中也已经给予了我们提示：“写之前可以想一想：游戏前，你做过哪些准备？”依照这样的思路，是不是就能发现自己的习作中缺少了“准备游戏”的过程描写。而我们在进行游戏前一定会做的准备就是了解游戏规则，不是吗？当然，除了了解游戏规则，如果游戏还需要一些道具准备，也可以进行简单的介绍。

火车开“过”了

北京市垂杨柳中心小学　熊晶玥

午休的时候，我们班里传来了一阵阵欢声笑语，那是我们班的同学正在玩有趣的“开火车”游戏。

游戏开始前，老师宣布了游戏规则：每个人说一个市的名字，按照蛇形线报自己选的名字，然后由老师开头说：“开呀开呀开火车，济南的火车真好开。”然后我们就问往哪里开，老师就说“往北京开”，然后就由选“北京”这个地方的同学接着像老师那样说“开呀开呀开火车，北京的火车真好开”。然后同学们还是问往哪里开，这时这位同学再说往另一个地方开。如果下一位同学在3秒钟内没接上来就要被淘汰。另外，如果这位同学说不上来火车往哪里开或者说了别人说过的地方，那么也要被淘汰掉。

大家都明白游戏规则后，老师宣布游戏开始。只听老师说道：“开呀开呀开火车，济南的火车真好开。”这时候同学们问火车往哪里开，老师说：“往长沙开。”这时选择“长沙”的同学就把老师的话重复一遍，然后又喊出了“往南京开”。每次同学说到火车开往哪儿的时候，我的心都提到了嗓子眼儿，生怕同学会说到我选的地点。幸好，前几轮都没说到我选的地点，不过有一轮还是说到了我选的地点，那时候我正在暗暗祈祷：不要选到我，不要选到我。连那个同学说的话我都没听见，直到旁边同学提醒，最后由于太紧张了，还是被淘汰掉了，我顿时像霜打了的茄子，蔫了。

最后呢，淘汰掉了十几个人。虽然我有点不甘心，不过还是要恭喜他们。下课后，同学们都依依不舍离开了教室，纷纷说还没有玩够。但这美好的回忆却深深地印在了我们的脑海里。

医疗干预：

这次修改，小作者将游戏规则介绍清楚后，我们就基本了解游戏的过程了。接下来，我们再看小作者写的玩游戏的过程。小作者能够抓住“我”的表现，来凸显“我”的紧张和遗憾，比如“那时候我正在暗暗祈祷：不要选到我，不要选到我。连那个同学说的话我都没听见”，再比如“我顿时像霜打了的茄子，蔫了”，这样的描写非常好！但是，要把游戏的过程写清楚，光介绍自己的表现是不够的，读者并不能清晰地了解游戏进行的过程。所以整个游戏的进程是怎样的？令你印象深刻的游戏场景又是怎样的？还需要再进一步修改。

看一看教材给我们的提示吧！教材中提示我们写之前可以想一想游戏前的准备、游戏中做了什么、游戏后的想法和感受，还可以借助拍摄的一些游戏时的场景把游戏过程写清楚。有了这样的提示，我们再想想：当游戏开始时，你们都做了些什么呢？当旁边同学提醒游戏轮到你的时候，你又做了些什么呢？回忆一下当时的场景：大家都说了什么，有什么动作，神态怎样呢？当然啦，游戏里还有老师呢，还可以想一想老师有什么反应呢。如果能把这些写清楚，相信你就能把游戏过程写好啦！

此外，文章的结尾可以再加入一些自己的想法。我们的教材中列举出了一些，如遵守规则、团结协作、勇敢果断、坚持到底等。通过这次游戏让你有了怎样的思考呢？不妨也写一写吧！

火车开“过”了

北京市垂杨柳中心小学 熊晶玥

午休的时候，我们班里传来了一阵阵欢声笑语，那是我们班的同学正在玩有趣的“开火车”游戏。

游戏开始前，老师宣布了游戏规则：每个人说一个市的名字，按照蛇形线报自己选的名字，然后由老师开头说：“开呀开呀开火车，济南的火车真好开。”然后我们就问往哪儿开，老师就说“往北京开”，然后就由选“北京”这个地方的同学接着像老师那样说“开呀开呀开火车，北京的火车真好开”。然后同学们还是问往哪儿开，这时这位同学再说往另一个地方开。如果下一位同学在3秒钟内没接上来就要被淘汰。另外，如果这位同学说不上来火车往哪儿开或者说了别人说过的地方，那么也要被淘汰掉。

大家都明白游戏规则后，老师宣布游戏开始。整个游戏充满趣味。刚开始，大家都特别紧张，身体前倾，竖起耳朵仔细听着老师说的地方，生怕叫到自己时反应慢了。当老师喊出第一个地点长沙时，我长出了一口气，幸好叫到的不是我。这样几轮下来，每次到同学说地点的时候我的心都提到了嗓子眼儿，生怕同学会说到我选的地点。不过幸运的是，前几轮都没说到我选的地点，我心中暗暗自喜，不过依然紧张，生怕下一轮就叫到我。就这样又过了两轮，突然有一位同学喊道："往厦门开。"那时候我正在暗暗祈祷：不要选到我，不要选到我。连那个同学说的话我都没听见。这时候，大家的目光都转移到我身上，旁边同学拍了拍我，提醒我说："到你啦！火车往厦门开啦！"还没等我反应过来，老师就喊道："很遗憾，时间到！"我顿时像霜打了的茄子，蔫了，心里后悔万分，最终还是被淘汰掉了。

最后呢，淘汰掉了十几个人。虽然我有点不甘心，不过还是要恭喜那些获胜的同学。下课后，同学们都依依不舍地离开了教室，纷纷说还没有玩够。但这美好的回忆却深深地印在了我们的脑海里。通过这次游戏，我也知道了，无论做什么都要注意力集中，不能三心二意想一些其他没用的事。

出院指导：

通过这次修改，小作者把游戏每一步要怎么做都写清楚了。不仅如此，还清楚地表达出了自己当时的真情实感。

这次再读一读这篇文章，不仅清晰展现了游戏的过程，还能在小作者对人物的动作、语言、心理描写中，感受到游戏时大家的紧张。比如"刚开始，大家都特别紧张，身体前倾，竖起耳朵仔细听着老师说的地方，生怕叫到自己时反应慢了”这句话中清晰地展现出游戏刚开始时大家紧张的状态。再如“当老师喊出第一个地点长沙时，我长出了一口气，幸好叫到的不是我”这句话生动地写出小作者当时没有被叫到的状态。此外，文章结尾处的想法也恰到好处地写清了自己参与游戏被淘汰后的想法和收获。

《写信》

致刘渃妍的一封信

北京市西城区登莱小学　王一伊

亲爱的妍妍：

你好！

我是你最好的闺蜜一伊。你是我们班的学霸，所以我想问你一些问题，你是如何管理你自己的时间的呢？每天你要做哪些事情呢？

告诉你一个好消息，在新年联欢会上我和小汪的小品上，我们可以一起唱《少年》这首歌，我们还可以唱《水调歌头》。

其次，我还有一个请求，我们可不可以以后不再欺负徐子就了？因为我觉得徐子就是一个乐观、开朗的好同学。虽然他有一点点儿喜欢和女生在一起，可是在我的眼里，他一直想改掉这个坏习惯。而且他干任何事都很认真，他很爱帮助同学，请不要再欺负他了，好吗？请你也告诉一下月月。

祝

我们每天快乐！

最好的闺蜜：一伊

入院筛查：

这是一封非常特殊的“信”。从古至今，书信的本质是在人与人之间传递信息。在人类进入网络化和信息化社会之前，不在同一时间和空间当中的人们传递信息是非常困难的，只能使用符号，把自己的意思写下来，让另一个人看到这些符号后了解自己当时的想法和情感。一封书信从甲地送到了乙地，让自己的亲人朋友看到，就解决了信息交流的空间局限问题。祖先的一封家书，可以让后世子孙了解家族的历史，也克服了信息交流的时间局限问题。

之所以说这是一封非常特殊的“信”，是因为这既不是写给远方的亲友，也不是写给未来的什么人，而是写给身边的小伙伴——自己的“闺蜜”。身边的人抬头不见低头见，还需要写信吗？有时候也需要。书信也可以交流一些不方便面对面说的话，这也便是这篇习作的独特价值。

前文说过，给身边人写信往往是说一些私密的话题，防止面对面谈话会产生尴尬。在这封信中，有些话题看来就是王一伊写给好朋友刘渃妍的“私房话”。比如，问一问自己的学霸闺蜜，怎样提高学习成绩。但是阅读了全文，我们又感觉到不完全是这样，有些内容是和小伙伴同时经历的。比如，新年联欢会上表演的节目。既然新年联欢会大家都在场，就谈不上“告诉你一个好消息”了。我建议王一伊同学，既然是给自己天天见面的好朋友写信，大家都知道的话题就不必在信中交流了。我建议还是把怎样提高学习成绩以及对另一位男同学的态度作为主要的交流内容更合适。把不好意思当面说的话，在信中说清楚，说明白，其他的内容完全可以当面说。

致刘渃妍的一封信

北京市西城区登莱小学　王一伊

亲爱的妍妍：

你好！

我是你最好的闺蜜一伊。你是我们班的学霸，所以我想问你一些问题，你是如何管理你自己的时间的呢？每天你要做哪些事情呢？怎样才能提高自己的学习成绩呢？

其次，我还有一个请求，我们可不可以以后不再欺负徐子就了？因为我觉得徐子就是一个乐观、开朗的好同学。虽然他有一点点儿喜欢和女生在一起，可是在我的眼里，他一直想改掉这个坏习惯。而且他干任何事都很认真，他很爱帮助同学，请不要再欺负他了，好吗？请你也告诉一下月月。

祝

我们每天快乐！

最好的闺蜜：一伊

医疗干预：

第二稿改完，我发现王一伊同学删掉了新年联欢会表演节目的事。我想，大概也觉得这件事儿完全可以面对面畅快地聊一聊，没有必要写在信中。

信中一共涉及了两件事儿，第一件事是请教同学怎样才能提高学习成绩。我想，王一伊同学面对一位学霸闺蜜，有时候还真不好意思当面问她怎么样才能提高学习成绩。这件事确实有必要写在信中，问一问。第二件事是关于“欺负”一位男同学的。这件事在信中确实没写明白。虽然信是非常特殊的文章，很多时候专门写给某一个人看，只要对方明白就可以。但是作为一篇习作，我还是问了双方。原来信中的这位徐同学，生性开朗活泼，有时候更喜欢和女生开玩笑（这可不是什么需要改正的“坏习惯”）。班级里很多“正派”的女生对他颇有微词，于是不少的女生在“学霸”的带领下对其进行了“围攻和制裁”，说了不少奚落讽刺他的话，还集体冷落他。

弄明白了事情的原委，我反而要劝王一伊同学要把这件事说得再清楚明白一些。语言文字的交际功能，和面对面说话有所不同。写在纸上的文字不能回答读者的疑问，要想让读者明白，就要为读者着想，否则虽然是你的“闺蜜”，也未必明白你所说的“欺负”指的是什么，为什么不能“欺负”徐同学。所以，建议你把这一部分内容重新梳理清楚，表达明白。

致刘湉妍的一封信

北京市西城区登莱小学　王一伊

亲爱的妍妍：

你好！

我是你最好的闺蜜一伊。你是我们班的学霸，你知道吗？我可羡慕你了。我也想像你一样，提高自己的学习成绩。所以我想“请教”你一些问题。你是如何管理你自己的时间的呢？每天你要做哪些事情呢？怎样才能提高自己的学习成绩呢？这些秘密，你可一定要偷偷地告诉我哟！

其次，我还有一个请求，我们可不可以以后不再欺负徐子就了？徐子就有时候喜欢和女孩子一起玩儿，还特别爱和女生开玩笑。一个男同学这样做确实不太合适，我们有些女生也不喜欢他开的玩笑。但是我们这几个月对他的“制裁”产生了一定的效果，我觉得他已经开始反思自己的行为了。我看他现在下了课也蛮正经的，还主动帮老师和同学们做事情。我觉得徐子就是一个乐观、开朗的好同学，而且他干任何事都很认真，他很爱帮助同学。我们就给他一次改正的机会，好吗？拜托你也告诉一下月月，还有其他女生。

祝

我们每天快乐！

最好的闺蜜：一伊

出院指导：

首先，书信的功能主要是为了与不在同一空间或者不在同一时间的人们对话交流与传递信息。随着互联网的发展，人们传递信息的方式更加多样，人与人之间的交流更方便了，但是人与人之间心灵的距离有时候反而更远了。在当今社会，书信给了我们另一种交流的方式。书面语言的交流更加理性，富有逻辑，有时候能够起到口语交流难以达到的效果。王一伊同学在这封信中就和自己的好友聊了不好意思面谈的话题。

其次，书面语言交流也有其特殊性。书信具有很强的对象性，表面上看，只要对方明白怎样表达都可以。实际上要想让对方明白，就要为对方着想。书面语言不像口语表达那样可以你有来言、他有去语，在不断的交流中化解误会。正像前文所说，写在纸上的文字是不能够回答读者的疑问的。不把事情的前因后果说明白，吞吞吐吐之间，就可能会使书面语言容易产生误解的劣势暴露得更明显。

《我的心儿怦怦跳》

我的心儿怦怦跳

北京市宣武回民小学　易昕成

说起让我心儿怦怦跳的事儿，我想起了那次经历——上台演讲。一天，老师告诉我，我将代表四年级老生在二年级新生入队仪式上发言，下周一就要上台演讲。我在感到荣幸的同时，心里却七上八下的，十分不安，为担心自己不能成为最优秀的学生代表而不安。这篇演讲稿足足有1000字，那可是三篇作文的字数！为此我非常紧张，一直都想着演讲的事儿。

第二天，我来到学校，一整天都在提心吊胆中度过，时间一分一秒地过去，转眼就到了彩排的时间了，我跟着老师来到彩排现场进行彩排。通过这次彩排，我知道了演讲的要点，熟悉了自己的稿子，并在老师的帮助下更有自信了。

第三天，我竭力克服心中的紧张，加强练习，争取顺利完成演讲。

第四天，在我的努力练习下，台词已经倒背如流了，但还是有些紧张。晚上，我对妈妈说："明天就要上台演讲了，好紧张啊！""别害怕，为了这次演讲，你付出了那么多时间，一定会成功的！"妈妈说。在妈妈的鼓励下，我甜蜜地进入了梦乡。

星期一的早晨，我刚踏进教室门，老师就让我去准备演讲，我急忙跟着老师来到主席台下，看着那高高的主席台，我有些紧张，几分钟后，同学们陆续来到了操场，他们有些是二年级，有些是四年级，虽然他们年纪不同，但都戴着鲜艳的红领巾，那些红领巾让我更加兴奋和激动。

演讲开始了，过了一会儿，轮到我上台了，我既激动又紧张，心都提到了嗓子眼儿。当我讲完，心都快蹦出来了，顿时台下响起了雷鸣般的掌声，掩盖了我怦怦直跳的心跳声，我顺利完成了这次演讲。

我的心儿怦怦跳

北京市宣武回民小学　戴梦洁

在生活中，我们会遇到很多令我们心儿怦怦跳的事儿，如第一次游泳、第一次坐过山车，这些都是让我们难以忘记的，但让我记忆犹新的事情是自己一个人在家。

记得去年暑假，我早上起来，半梦半醒，叫了一声妈妈，没人答应。我又叫了一声，还是没有人答应。我突然想起，昨天爸爸妈妈说他们今天都上班，就我一个人。怪不得妈妈没有回应。

起床后看到妈妈给我留下了早点，自己边吃边想今天一个人在家，顿时心里感到惶惶不安。

这时突然下雨了，还打起了雷。我害怕极了，生怕家里会窜出什么怪物来，心里怦怦跳个不停。当我又害怕又恐惧的时候，家里的门铃响了，我走出卧室，原来是姥姥来家里看我了，这下子我的心里一下子踏实了下来。

通过这次一个人在家，我明白了，只要放下恐惧，就能发现生活中的美好。

入院筛查：

《我的心儿怦怦跳》是小学语文四年级上册第八单元的习作题目。要求是选一件令你心儿怦怦跳的事情写下来，写清楚事情的经过和当时的感受。心儿怦怦跳是一种什么感受呢？也许是惊喜，也许是紧张，还有可能是害怕或者激动等不同的感受，总之这样的感受会令人心跳加速，印象深刻，难以忘却。

两位同学的习作都写了一件令自己心儿怦怦跳的事情。易昕成写的是参加新生入队仪式演讲，戴梦洁写的是独自一个人在家。值得肯定的是，小作者都写出了事情的经过，而且也写出了自己的感受，如兴奋、激动和紧张。

但是，这两篇习作在写清楚事情经过上，也各自存在一些问题。易昕成这篇习作写了从准备在新生入队仪式上的演讲到正式演讲的全过程。我的感觉是，因为小作者心里十分珍惜这次登台机会，所以回忆起来，从每一天的准备过程到登台演讲的样子至今都历历在目，不由自主就写出来了。但这样似乎过于面面俱到，没有抓住最令自己心儿怦怦跳的经过来写，所以重点不突出。

如果说易昕成的习作问题是过于面面俱到，那么戴梦洁这篇习作的问题恰恰相反，她的问题是重点内容过于简略。

因此，我想请大家和小作者再读一读这两篇习作，你们认为这两件事情中，最令心儿怦怦跳的情节分别是什么呢？是的，我想大家一定会说，在第一篇习作中，小作者登台演讲的时候，应该是最让他心情紧张、最令他心儿怦怦跳的时刻。在第二篇习作中，下雨打雷的时候，小作者独自一个人在家最令人害怕，也是最令她心儿怦怦跳的时刻。

通过以上的分析，我建议第一篇习作的小作者易昕成先给习作“瘦身”，重点围绕“登台演讲”情节，把事情经过和当时的感受写清楚。第二篇习作的小作者戴梦洁要给习作“增重”，重点写一写自己一个人在家，下雨打雷时害怕得心儿怦怦跳的情形。

我的心儿怦怦跳

北京市宣武回民小学　易昕成

说起让我心儿怦怦跳的事儿，我想起了那次经历——上台演讲。

你们知道为什么吗？因为那是我代表四年级老生在二年

级新生入队仪式上的演讲，我在感到荣幸的同时，心里却七上八下的，十分不安，为担心自己不能成为最优秀的学生代表而不安。

为了这次演讲，我练了很长时间，在老师和妈妈的帮助下，才终于把演讲的内容熟练地背下来。

演讲前一天晚上，我躺在床上，心里既激动又紧张，就连睡着了，梦中出现的都是要说的演讲稿。

星期一的早晨，我刚踏进教室门，老师就让我去准备演讲，我急忙跟着老师来到主席台下，看着那高高的主席台，我有些紧张。

演讲开始了，过了一会儿，轮到我上台了，我既激动又紧张，心都提到了嗓子眼儿。当我讲完，心都快蹦出来了，顿时台下响起了雷鸣般的掌声，掩盖了我怦怦直跳的心跳声。

我顺利完成了这次演讲。

我的心儿怦怦跳

北京市宣武回民小学　戴梦洁

在生活中，我们会遇到很多令我们心儿怦怦跳的事儿，如第一次游泳、第一次坐过山车，这些都是让我们难以忘记的，但让我记忆犹新的事情是自己一个人在家。

记得去年暑假，我早上起来，半梦半醒，叫了一声妈妈，没人答应。我又叫了一声，还是没有人答应。我突然想起，昨天爸爸妈妈说他们今天都上班，就我一个人。怪不得妈妈没有回应。

起床后看到妈妈给我留下了早点，自己边吃边想今天一个人在家，顿时心里感到惶惶不安。吃完饭，我战战兢兢地端着盘子走进厨房。

我从厨房出来时，外面突然黑了起来，一道闪电划过玻璃窗，轰隆隆的雷声震耳欲聋，天空下起了大雨，我吓得心儿怦怦地跳，生怕家里会窜出什么怪物来。我走到阳台，把窗户关上，把窗帘儿拉上，然后跑回卧室，又钻进被窝里。当我又害怕又恐惧的时候，家里的门铃响了，我走出卧室，原来是姥姥来家里看我了，我的心里一下子踏实了下来。

通过这次一个人在家，我明白了，人不能自己吓唬自己，以后一个人在家也要再努力勇敢一些。

医疗干预：

通过这次修改，我们看到小作者能围绕让自己心儿怦怦跳的事情来写习作，两篇习作分别通过“瘦身”和“增重”突出了重点，把事情的经过写清楚了。但是文章对于小作者紧张、害怕的心情，表现得还是不够清楚，只是停留在“我既激动又紧张、心里感到惶惶不安”这样的表达上。怎样能把这种心情描写得更清楚呢？让我们来想想办法。

还记得在四年级上册第六单元的学习中，我们学习过通过人物的动作、语言、神态体会人物的心情。不妨学学这样的写法，例如，《牛和鹅》一课中写到，“有一次，我们放学回家，走过池塘边，看见有四只大白鹅在靠近岸边的水里游。我们马上都不说话了，贴着墙壁，悄悄地走过去”。通过“看见、贴着、悄悄地走”这几个具体的动词，就让我们仿佛看到孩子们小心翼翼、生怕惊动鹅的样子，不禁和他们一起提心吊胆起来。

再如，鹅追“我”时，我吓得脚也软了，更跑不快。在忙乱中，我的书包掉了，鞋子也弄脱了。我想，它一定要把我咬死了。我就又哭又叫，可是叫些什么，当时自己也不知道，大概是这样叫吧：“鹅要吃我了！鹅要咬死我了！”那种惊慌失措的心情，通过作者这样的心理活动、动作和语言，让我们感同身受。我们不禁和作者一起紧张害怕起来，读罢确实感受到了心儿怦怦跳的感觉。

老师建议，两位小作者也可以用这样的方法，写一写自己演讲和独自在家时的心里的想法，以及神态、动作、语言等，并写清楚紧张、兴奋、害怕等感受吧。当然，还可以试着用上这些积累的描述心情的词句：提心吊胆、心急如焚、胆战心惊、魂飞魄散、喜出望外、手舞足蹈、热泪盈眶、欣喜若狂、脸上火辣辣的、汗毛都竖起来了、倒吸一口气、心里打起鼓来、怀里像揣了只兔子、心都提到了嗓子眼儿……

我的心儿怦怦跳

北京市宣武回民小学 易昕成

说起让我心儿怦怦跳的事儿，我想起了那次经历——上台演讲。

你们知道为什么吗？因为那是我代表四年级老生在二年级新生入队仪式上的演讲，我在感到荣幸的同时，心里却提心吊胆，为担心自己不能成为最优秀的学生代表而不安。

为了这次演讲，我练了很长时间，在老师和妈妈的帮助下，才终于把演讲的内容熟练地背下来。

演讲前一天晚上，我躺在床上，心里既激动又紧张，就连睡着了，梦中出现的都是要说的演讲稿。

星期一的早晨，我刚踏进教室门，老师就让我去准备演讲，我急忙跟着老师来到操场上，看着那高高的主席台，我心里直打鼓。

轮到我上台了，我的心提到了嗓子眼儿，感觉到自己的脸像苹果一样红。一开始，每说一个字，我的心就跳一下，感觉声音和手一直都在颤抖。说着说着，我有些忘词，大脑一片空白，额头一下子就冒出了一层冷汗，后背一阵阵发凉，麦克风都拿不稳了。但我重复了上一句的内容后，想起演讲词了，我也慢慢进入了状态，后面就没有那么紧张了，我的心慢慢平静了下来。演讲结束了，顿时台下响起了雷鸣般的掌声，敬完队礼，我满心欢喜地走下了主席台。

这次心儿怦怦跳的经历真令我难忘！

我的心儿怦怦跳

北京市宣武回民小学　戴梦洁

在生活中，我们会遇到很多令我们心儿怦怦跳的事儿，如第一次游泳、第一次坐过山车，这些都是让我们难以忘记的，但让我记忆犹新的事情是自己一个人在家。

记得去年暑假，我早上起来，半梦半醒，叫了一声妈妈，没人答应。我又叫了一声，还是没有人答应。我突然想起，昨天爸爸妈妈说他们今天都上班，就我一个人。怪不得妈妈没有回应。

起床后看到妈妈给我留下了早点，自己边吃边想今天一个人在家，顿时心里感到惶惶不安。吃完饭，我战战兢兢地端着盘子走进厨房。

我从厨房出来时，突然一道闪电划过玻璃窗，轰隆隆的雷声震耳欲聋，我顿时魂飞魄散，“啊”的大叫一声，站在原地一动不敢动。我瞥了一眼窗外，外面突然黑了起来，紧接着下起了倾盆大雨。家里不会窜出什么怪物来吧！我越想越害怕，鼓足勇气，捂住耳朵，壮着胆子，小心翼翼地走到阳台，迅速关上窗户，一下子把窗帘儿拉上，然后飞快地跑回卧室，又一头钻进被窝里，用被子捂住脑袋。心里不住地想：爸爸妈妈快回来吧！

当我又害怕又恐惧的时候，家里的门铃响了，我走出卧室，原来是姥姥来家里看我了，我的心里一下子踏实了下来。

通过这次一个人在家，我明白了，不能自己吓唬自己，以后一个人在家也要勇敢一些。

出院指导：

这一稿，易昕成和戴梦洁同学不仅写清楚了最令自己心儿怦怦跳的事情的经过，同时也用上了描写心理活动的词语，描写人物神态、动作、语言等词语写出了心理活动的变化。例如，“我的心提到了嗓子眼儿，感觉到自己的脸像苹果一样红”“大脑一片空白，额头一下子就冒出了一层冷汗，后背一阵阵发凉，麦克风都拿不稳了”“飞快地跑回卧室，又一头钻进被窝里，用被子捂住脑袋”。这不仅让我们了解了令小作者心儿怦怦跳的事情的经过，还身临其境体会到了他当时的感受，可真是不错！

《我的乐园》

学校是我的乐园

北京第一实验小学　段博还

我觉得学校就是我的乐园，学校里的一切都让我感到快乐，比如操场、走廊、菜园、班里等许多地方。

先说操场吧，上课间操、体育课都在操场上，我非常喜欢做课间操。

走廊是我早上上学的必经之路，它能防雨防雪，它的北面就是青青菜园，我三年前还在那里拔过萝卜呢！

在学校里，我在班里待的时间最长，我喜欢班里的植物角，上学期十二月的花草最多有 20 盆呢，现在差不多还得有十几盆。

我还喜欢我的座位，我在那里上课看书玩耍，在学校里三分之二的时间我都坐在那里。

我的乐园就是学校，因为我喜欢学校，喜欢学校的东西。

我的乐园

北京市通州区中山街小学　宋佳芮

乐园就是带给人快乐的地方，有人的乐园是一片菜地、家里的阳台或者是自己的房间，而我的乐园则是我们的校园。

当我走进校园时，就可以看到高大挺拔的古槐树，它们仿佛是保卫校园的卫士，每天迎接老师和同学们的到来。当有微风拂过它的叶子，便唱起快乐的歌曲：沙沙，沙沙，沙沙沙。那声音可真好听。

班级教室的墙壁上、校园的宣传栏里挂着同学们的画，色彩丰富，非常好看。每当看到这些画的时候，我会感到心情很好呢。

我在校园里和同学们一起学习，我们在语文课上一起读课文，在数学课上一起学算术，在英语课上用英语交流学习。下课的时候，我和同学们在教室里、校园中一起聊天，一起玩耍，一起写作业。

在这个充满生机与活力的校园里，我收获了无限的快乐，在这里，我和同学们嬉戏打闹，共同学习，共同进步，一起度过每一天的校园时光。

入院筛查：

四年级下册第一单元的习作题目是《我的乐园》。这个单元当中对于小学生写作的要求是“写喜欢的某个地方，表达出自己的感受”。

这次入院的又是两篇“病文”。段博还和宋佳芮同学的两篇文章的病因看上去好像很相似。他们都喜欢自己的学校，喜欢自己学习和生活的环境。并且在他们的作文当中都写了多个喜欢的地方，比如说，学校的走廊、操场、班级植物角、座椅课桌等。病因看着极为相似的两篇习作，实际上也有不同。

先说段博还同学的习作。在他的习作中，学校给他的印象很深，学校中的方一草一木都给段博还同学留下了深刻的印象。习作中开门见山就说“学校里的一切都让我感到快乐”“比如操场、走廊、菜园、班里等许多地方”。这几乎是整座学校，而且每一处“乐园”，给自己带来的欢乐又各自不同，这也从另一个侧面证实习作中写了不止一个乐园！在教材习作提示当中，确实也写了很多的地方，比如班级图书角、家里的院子、学校的篮球场、爷爷的菜地……但是教材的编写者写这些地方的目的是提示我们生活当中有哪些乐园值得我们回忆，可不是说所有这些地方我们都要写一写。如果我们的习作当中星星点点，把学校的“一切”都介绍一番，作为读者，我们反而觉得不知道“乐”在何处，显得不够聚焦。这个病有两种治法：第一，既然“学校里的一切都让我感到快乐”，那么就请段博还同学将学校的方方面面归结到一起，告诉读者，偌大的一座校园，你到底“乐”在何处？第二，忍痛割爱，在自己学习生活的校园当中找到一处令自己最为快乐的场所介绍给我们。

再说宋佳芮同学的习作。乍一看，这和段博还同学病因似乎一样，实则不然。

仔细阅读这篇习作，不难发现，宋佳芮同学习作中说的“校园”，是以“操场”为中心视角辐射观察的。而且大多数的内容写得也是关于学校操场的内容。例如：小作者先写操场的环境优美，那里有一棵高大挺拔的古槐树。再写操场上的各种设施，其中校园的宣传栏里挂着同学们的画。进而还写了同学们在操场上学习和游戏的场景——“下课的时候，我和同学们在校园中一起聊天，一起玩耍，一起度过每一天的校园时光”等等。

如果我们不仔细阅读这篇文章，会觉得其内容和前面段博还同学的习作一样，都是星星点点的，把学校的一切都写了出来。实际上，段博还同学的习作，写了学校的多个场景，喜爱的原因也不甚了了，病因是不聚焦。而宋佳芮同学的习作，虽然写的主要是校园的操场，但是由于笔墨分散，显得不够集中和明确。既然学校给自己带来的快乐主要来自操场，不如集中笔墨把操场的样子以及给自己带来的快乐写一写。

我的乐园

北京第一实验小学　段博还

我觉得学校就是我的乐园，学校里的一切都让我感到快乐，比如操场、走廊、菜园、班里等许多地方。说到我最喜欢的地方还是我的班级教室。

在学校里，我在教室里待的时间最长，我很喜欢自己的班集体。我们班有一个植物角，我喜欢班里的植物角。植物角里有各种各样的花草，有茉莉花，有吊兰，有绿萝，还有好多盆多肉植物。上学期，十二月的花草最多有20盆呢，现在差不多还得有十几盆。其中有一盆君子兰，是我送给教室植物角的，据说到了冬天，君子兰还会开花呢。

在学校里，三分之二的时间我都在教室里。我的乐园就是教室，因为我喜欢我的班集体。

我的乐园

北京市通州区中山街小学 宋佳芮

乐园就是带给人快乐的地方，有人的乐园是一片菜地、家里的阳台或者是自己的房间，而我的乐园则是我们的校园。

当我走进校园时，就可以看到高大挺拔的古槐树，它们仿佛是保卫校园的卫士，每天迎接老师和同学们的到来。当有微风拂过它的叶子，便唱起快乐的歌曲：沙沙，沙沙，沙沙沙。那声音可真好听。

校园的宣传栏里挂着同学们的画，色彩丰富，非常好看，每当看到这些画的时候，我会感到心情很好呢。

我在校园里和同学们一起学习。站在校园里，我们能听到同学们读课文、背诵英语单词的声音。

下课的时候，我和同学们在校园中一起聊天，一起玩耍，一起写作业。

在这个充满生机与活力的校园里，我收获了无限的快乐，在这里，我和同学们嬉戏打闹，共同学习，共同进步，一起度过每一天的校园时光。

医疗干预：

还是先说段博还同学的习作。看来段同学接受了第二种修改习作的方案。改变了星星点点，即“喜欢学校的一切”的写法。这一稿，选择了学校中的班级教室作为乐园，毕竟用段博还同学的话说，有三分之二的时间是在教室内学习和生活的。

这篇习作的主题词是“乐园”。在习作中我们当然要介绍乐园是什么样子的，喜欢在这里做什么。但是，乐园给自己带来了怎样的快乐，才是最重要的。这篇习作第二稿的笔墨着力向我们介绍了班级教室里的植物角。但是对于“植物角”给自己的学习和生活带来了怎样的感受，笔墨却不足。班级教室也好，植物角也好，能称之为“乐园”，一定是给自己带来了很多的快乐。这些不写出来，阅读者是很难理解当事人是怎样乐在其中的。

再来看看宋佳芮同学的习作修改稿。这一次宋同学删掉了校园中其他地点的描写，笔墨集中在了学校的操场上。看来宋同学还是对校园的操场情有独钟。校园操场上高大挺拔的古槐树、宣传栏、同学们一起学习的情景、玩闹的身影，都给宋同学留下了深刻的印象。校园操场上有哪些景物，什么景物给宋同学留下了深刻的印象，作为读者算是清晰明确了。但是要让读者感受到“乐”在其中，宋同学就需要把自己的感受写出来。当然，在习作当中，我们也关注到了小作者的感受，比如写校园古槐树在风中沙沙响之后，小作者就不无感慨地说“那声音可真好听”，这就是感受。把感受写出来，读者才能感受到校园是你的“乐园”呀！

我的乐园

北京第一实验小学　段博还

我觉得学校就是我的乐园，学校里的一切都让我感到快乐，比如操场、走廊、菜园、班里等许多地方。说到我最喜欢的地方还是我的班级教室。

在学校里，我在教室里待的时间最长，我很喜欢自己的班集体。我们班有一个植物角，我喜欢班里的植物角。植物角里有各种各样的花草，有茉莉花，有吊兰，有绿萝，还有好多盆多肉植物。上学期，十二月的花草最多有20盆呢，现在差不多还得有十几盆。其中有一盆君子兰，是我送给教室植物角的，据说到了冬天，君子兰还会开花呢。上课的时候有时飘来的茉莉花香，会让我感觉到心旷神怡。下课的时候我也愿意走到植物角浇浇水、剪剪枝，哪怕就是看一看这些绿色植物，对我们的眼睛也有好处呀！

在学校里，三分之二的时间我都在教室里。我的乐园就是教室，因为我喜欢我的班集体。

我的乐园

北京市通州区中山街小学　宋佳芮

乐园就是带给人快乐的地方，有人的乐园是一片菜地、家里的阳台或者是自己的房间，而我的乐园则是我们的校园。

当我走进校园时，就可以看到高大挺拔的古槐树，它们仿佛是保卫校园的卫士，每天迎接老师和同学们的到来。当有微风拂过它的叶子，便唱起快乐的歌曲：沙沙，沙沙，沙沙沙。那声音可真好听，就像对我说："你好，你好，欢迎你来到学校！"

校园的宣传栏里挂着同学们的画，色彩丰富，非常好看，其中还有我的"作品"呢！每当我看到这些画的时候，我会感到心情很好呢！

站在校园里，能听到同学们背诵英语单词的声音，能听到琅琅的读书声，能听到我们一起游戏玩耍的欢笑声……

在这个充满生机与活力的校园里，我收获了无限的快乐，在这里，我和同学们嬉戏打闹，共同学习，共同进步，一起度过每一天的校园时光。

出院指导：

这一稿，段博还同学在学校的各种场所景物当中千挑万选，选择了自己最喜爱的班集体，选择了班集体当中的植物角。我想这是因为段同学对植物角最有情感。所谓情动而辞发，选择要写的内容时，我们必须以自己的真情实感为导向呀！习作中既写了班集体当中的植物角是什么样子，也写了植物角给自己的感受，给自己带来的快乐。我们既看到了“乐园”的样子，也感受到了小作者对于乐园的那份情感，自然也就理解了，为什么段同学乐在其中！

宋佳芮同学的习作既写了校园操场上的古槐树、宣传栏和各种各样的声音，也写了这些景物及声音给自己的感受。看来小小的校园操场，各方各面都能给宋同学带来快乐的感受。

四年级下册第二单元

《我的奇思妙想》（一）

保姆机器人

北京市第十八中学附属实验小学　王洛雯

我长大后要发明一种机器叫保姆机器人。

现在的大人们越来越忙了，很多家长忙到没有时间照顾自己的孩子，无法接送孩子上幼儿园，甚至小学，这让很多孩子在成长中缺少大人的陪伴。如果有了保姆机器人，那么大人可以安心工作，孩子可以快乐成长了。

我设计的机器人身高约 1.6 米，和成人差不多高，这样可以让孩子对它有一种大人的感觉。全身采用纳米涂层制成，身体非常坚固，有危险可以保护孩子。它脑袋上有两根又细又长的天线，可以用来接收信号，只要给机器人输入程序，给它发出要求或命令，无论你是想让它唱歌跳舞还是导航都可以。我在它的程序中加入了语言识别功能，可以说多个国家的语言。

保姆机器人身体是红色的，长方形中间有一块智能屏，可以用来看动画片，脑袋是一个黄色圆球，它也可以随意组装变形，比如成为一辆汽车，汽车的速度很快，如果普通火车每分钟行驶 1200 米，那么机器人变成的汽车，每分钟的速度就是它的 5 倍——6000 米。

保姆机器人可以帮家长做很多事，如早起给孩子做早饭、接送孩子上学、和孩子一起玩等。

同时，它也是一位很好的老师，你问为什么，那就继续看下去吧！机器人能很好地辅导孩子学习语文、数学、英语、美术、音乐、手工，反正样样精通，促进孩子德智体美劳全面发展。它也会做家务，洗衣、做饭、擦地等各种家务，而且井井有条，可以做孩子的好榜样。

这就是我设计的保姆机器人，它是多么完美，以后我要好好学习，争取以后真的发明出这种机器人。

入院筛查：

这篇入院习作近 600 字，可以看出小作者是一个爱想、敢想的优秀学生。她以“保姆机器人”为发明对象，从外形设计到贴近生活所开发的多用途功能发散开去，形成了一篇比较有意思的作品。

但是习作中依然存在一些问题，其中最典型的问题就是想象缺乏“方向”。

写好本单元习作关键有两点，即“想什么”和“如何想”。“天马行空的想象”对于我们来说并非难事，而其难点在于这里的想象要建立在观察、整合资料和认知的基础上。所以这里的想象有双重要求：一是要具备想象的奇幻性，二是要具备发明的现实性。所以对于“保姆机器人”样貌和功能的充分设想，都要建立在对现实生活的观察和对对象的了解之上，进而形成对接未来生活的“换位联想”。以此为出发点来看，“保姆机器人”到底要具备哪些革新的功能，以优化自身应对未来世界呢？显然，文中有这样两类想象值得思考，如“脑袋可以变成汽车高速行驶”，这一类想象我把它起名为“摸不着头脑”，是因为：这一功能的实际价值是什么呢？再有一类想象，如做家教、做家务这一类想象我把它起名为“已经实现”，没错，这样的机器人如今已成为现实，不再是梦想。那么这样一个功能，未来又会怎样革新？可以进一步思考。

我认为，通过这样的调整，小作者的想象能进一步明确方向，从而在更精准的范围内想得更远。

保姆机器人

北京市第十八中学附属实验小学　王洛雯

我长大后要发明一种机器叫保姆机器人。

现在的大人们越来越忙了，很多家长忙到没有时间照顾自己的孩子，无法接送孩子上幼儿园，甚至小学，这让很多孩子在成长中缺少大人的陪伴。如果有了保姆机器人，那么大人可以安心工作，孩子可以快乐成长了。

我设计的机器人身高约 1.6 米，和成人差不多高，这样可以让孩子对它有一种大人的感觉。全身采用纳米涂层制成，身体非常坚固，有危险可以保护孩子。它脑袋上有两根又细又长的天线，可以用来接收信号，时刻自动更新外界最新信息和最新技能。真正做到持续学习，无所不能！

作为保姆机器人，接送孩子上下学是必不可少的日常工作。它的身体各部分结构可以根据路况和时间需要，变换为飞机或高速汽车，行驶速度达到普通火车的5倍呢！从此告别“漫漫征途”带来的困扰。保姆机器人不仅有高速度，还配备了智能安全系统和钛金属外壳，给座舱内的孩子最安全的保护。

保姆机器人可以帮家长做很多事，如早起给孩子做早饭、接送孩子上学、和孩子一起玩等。

同时，它也是一位很好的老师。你会说：“能辅导学习的机器人有什么新奇的？我家就有一台。”但是，我的保姆机器人不光能教我各个学科知识，还能根据全面发展的需要，为我量身定制学习课程。它教我洗衣、做饭、擦地，提升我的生活能力；它教我跳高、打球、游泳，提高我的身体素质；它鼓励我进取、坚持、不放弃，帮我建立强大的心理素质！可以说，它既是一位好老师，也是孩子的好榜样。

这就是我设计的保姆机器人，它是多么完美，以后我要好好学习，争取以后真的发明出这种机器人。

医疗干预：

你经历了一次非常棒的修改体验，你让我从新的文章中看到，每一处发明想法，既源于生活中的实际需要，也考虑到未来时代科技的发展与新需求。我们的想象不再是无源之水，无本之木，而是从生活中来，到未来生活中去，这一点是很了不起的！

下一步，我们聚焦习作中语句间的条理性。

这里的“条理性”有两点：从宏观层面来说，习作第二自然段和第五自然段没有起到应有的总领和过渡作用。特别是这两个自然段，与下文的衔接不够紧密。从微观层面来看，第二自然段只提了“接送孩子”，与下文的多功能没有对应；第五自然段小虽然从多功能角度展开，但与后面“指导我学习”联系不够紧密。所以，建议你从宏观和微观两个角度进行思考，修改习作，使段与段间的过渡衔接更自然紧密。

保姆机器人

北京市第十八中学附属实验小学　王洛雯

我长大后要发明一种机器叫保姆机器人。

我设计的机器人身高约 1.6 米，和成人差不多高，这样可以让孩子对它有一种大人的感觉。全身采用纳米涂层制成，身体非常坚固，有危险可以保护孩子。它脑袋上有两根又细又长的天线，可以用来接收信号，时刻自动更新外界最新信息和最新技能。真正做到持续学习，无所不能！

现在的大人们越来越忙，很多家长忙到没有时间接送和照顾自己的孩子，这让很多孩子在成长中缺少大人的陪伴。如果有了保姆机器人，那么大人可以安心工作，孩子可以快乐成长了。

作为保姆机器人，接送孩子上下学是必不可少的日常工作。它的身体各部分结构可以根据路况和时间需要，变换为飞机或高速汽车，行驶速度达到普通火车的5倍呢！从此告别“漫漫征途”带来的困扰。保姆机器人不仅有高速度，还配备了智能安全系统和钛金属外壳，给座舱内的孩子最安全的保护。

这个机器人的厉害远不止此！它不仅可以做到日常保姆一切工作，也是一位很好的老师。你会说：“能辅导学习的机器人有什么新奇的？我家就有一台。”但是，我的保姆机器人不光能教我各个学科知识，还能根据全面发展的需要，为我量身定制学习课程。它教我洗衣、做饭、擦地，提升我的生活能力；它教我跳高、打球、游泳，提高我的身体素质；它鼓励我进取、坚持、不放弃，帮我建立强大的心理素质！可以说，它既是一位好老师，也是孩子的好榜样。

这就是我设计的保姆机器人，它是多么完美，以后我要好好学习，争取以后真的发明出这种机器人。

出院指导：

祝贺你！本次修改的习作做到了够奇幻、够科学、够清楚！

作为一篇想象作文，大胆想象是必要的。但如我们前面分析，这个“想象”还要有“脚踏实地”，源于生活实际需要或改进未来生活的一些方面。本稿的作文，就显得心有目标，做有方向。

再有就是文章的条理。文章前有整体介绍，后有两方面的革新，而且彼此间形成了巧妙过渡，让文章浑然一体，效果很好！

四年级下册第二单元

《我的奇思妙想》（二）

会走的房子

北京市西城区登莱小学　李子非

将来我想造个可以随意走的房子，它可以像汽车一样在陆地上开，也可以像飞机一样在天空中飞，还可以像船一样在海上航行。

要是我想去哪儿旅行，有这个会走的房子，就可以省钱，不用住宾馆。可以住在暖和舒适的房间里，一路上既可以观看外面的风景，也可以在家看电视、玩游戏、吃零食……要是在天上飞行还可以在空中摸到云……

要是路途遥远没电了怎么办？我就在屋顶装个太阳能充电器。可要是下雨呢？我就改成吸雨充电器。如果夜晚没有太阳，也没有雨水，怎么办？没关系，我还可以用吸风充电器，它吸收了大自然的风还会吐出来氧气，外面空气新鲜也使环境更美好。

这座会走的房子，无论是出门旅行还是停在原地，它时时刻刻都会给我们带来温暖和幸福，我相信将来肯定会有这种房子，让地球更先进一步，让人类过上更加幸福的日子。

入院筛查：

小作者以“会走的房子”为发明对象，从自己惬意的心情到有创新的产能功能发散开去。文章的总结段，点明了小作者善良、上进的内在精神，比较清晰地为我们呈现出他的构思。

但是习作中依然存在一些问题，其中最典型的问题就是没能围绕“会走的房子”形成多角度且细化的想象。

习作有两种要求，一种是自己有话要说，另一种是别人想听。就像我们平常的聊天，仅仅是自说自话，可不行。习作就是用笔和别人聊天说话。你有来言，他有去语，才叫聊天。我们知道了对话对象想知道什么，就可以进行比较顺畅的沟通。让我们打开书，看一看这个单元的习作要求。

本次习作导语通过一连串的提问，给我们提供了习作的思路：你想发明什么？它是什么样子的，有哪些功能？我们以此为例，反思自己的作品。我们发现，本文没有对“发明物”做整体介绍。比如，这个房子的形状、颜色、大小和结构都有哪些特点？能不能多想一些。说到功能，小作者也仅仅是重点从能量供给方面说明自己的思考。其实，细读作品不难发现，小作者也提到了房子可以在天上飞行，可以在海上航行。但仅是一笔带过，没有将想象进一步细化。

会走的房子

北京市西城区登莱小学　李子非

将来我想造个可以随意走的房子，它可以像汽车一样在陆地上开，也可以像飞机一样在天空中飞，还可以像船一样在海上航行。

房子的下面有四个轮子，两侧有可收缩的机翼。屋里的墙壁上有一些花花绿绿的小按钮，你可别小瞧这些按钮，它们的作用可大着呢！下面听我细细道来。

这个房子可以飞上天。房子飞上天后你坐在客厅的沙发上，透过窗户就可以欣赏到天空的云朵变化多端的样子。为了方便飞行和停靠，房子的下面还装有雷达，既能实时监测不明飞行物，避免发生碰撞事故，又能辅助房子平稳降落，真是一举两得！

这个房子可以潜水，只是潜水的时间不能太久，要不然房子里就会进水。要想变成潜艇，得按隐藏在角落里的深蓝色按钮。随着一声巨响，房子的结构发生了巨大的变化。房顶变成了保护罩，四周的围墙变成了坚固的船舱，两个外展的机翼变成了推进器。乘坐它，我可以在海面上劈波斩浪，也可以在深海中探寻奥秘，太神奇了！

这个房子可以自己供能，因为我在屋顶装有多功能充电器。有太阳时，就靠太阳能；可要阴天下雨或是潜入海洋，我就改成水流发电功能；如果夜晚来临，没有太阳也没有雨水怎么办？不用担心！我还可以用风能充电器，它吸收了大自然的风还会吐出来氧气，让室内外空气新鲜，也使环境更美好。

这座会走的房子，无论是出门旅行还是停在原地，它时时刻刻都会给我们带来温暖和幸福，我相信将来肯定会有这种房子，让地球更先进一步，让人类过上更加幸福的日子。

医疗干预：

这次修改，我们看到作品细化介绍了房屋的样子和功能，并能从多个角度、多个部位展开介绍。从宏观上说，从房屋样子到功能，文中几个段落呈现得很清晰。从微观上说，每部分内容中的细化介绍，小作者也做到了想得清楚，说得明白。

下一步，我们在语言细节上再次进行修改和调整，使习作中语言的逻辑性更合理，表达更通畅。我们看到，习作中房屋的样子和功能虽然都得到了比较清晰的呈现，但总有些“各自为营”的感觉。究其原因，是段落间缺乏语言联系。如果能在房屋的样子和功能或者不同功能之间加上一些过渡语，这样习作中各段的联系会更紧密，语言逻辑性和条理性会更强。

会走的房子

北京市西城区登莱小学　李子非

将来我想造个可以随意走的房子，它可以像汽车一样在陆地上开，也可以像飞机一样在天空中飞，还可以像船一样在海上航行。

房子的样子很奇特。它下面有四个轮子，两侧有可收缩的机翼。屋里的墙壁上有一些花花绿绿的小按钮，你可别小瞧这些按钮，它们的作用可大着呢！下面听我细细道来。

这个房子最特别的功能之一，就是可以飞上天。房子飞上天后你坐在客厅的沙发上，透过窗户就可以欣赏到天空的云朵变化多端的样子。为了方便飞行和停靠，房子的下面还装有雷达，既能实时监测不明飞行物，避免发生碰撞事故，又能辅助房子平稳降落，真是一举两得！

这个房子除了会飞，还有一个附加功能就是潜水，只是潜水的时间不能太久，要不然房子里就会进水。要想变成潜艇，得按隐藏在角落里的深蓝色按钮。随着一声巨响，房子的结构发生了巨大的变化。房顶变成了保护罩，四周的围墙变成了坚固的船舱，两个外展的机翼变成了推进器。乘坐它，我可以在海面上劈波斩浪，也可以在深海中探寻奥秘，太神奇了！

那么你会问了：“这个房子能源从哪儿来呢？”这你大可放心，因为我在屋顶装有多功能充电器。有太阳时，就靠太阳能；可要阴天下雨或是潜入海洋，我就改成水流发电功能；如果夜晚来临，没有太阳也没有雨水怎么办？不用担心！我还可以用风能充电器，它吸收了大自然的风还会吐出来氧气，让室内外空气新鲜，也使环境更美好。

这座会走的房子，无论是出门旅行还是得在原地，它时时刻刻都会给我们带来温暖和幸福，我相信将来肯定会有这种房子，让地球更先进一步，让人类过上更加幸福的日子。

出院指导：

祝贺你！本次修改的习作基本做到了各板块表达清晰，各功能说得明白，这是此次习作最大的进步！

这次作品，从房屋样子和功能两部分展开，并在房屋功能方面从会飞、会潜，再到自主供能，做了比较细致的介绍。特别是小作者最后加入的过渡句“这个房子最特别的功能之一，就是可以飞上天”“这个房子除了会飞，还有一个附加功能就是潜水”“那么你会问了：‘这个房子能源从哪儿来呢？’”“这你大可放心”，让各个段落间形成联系和呼应，给读者更加完整的阅读体验。

《我的动物朋友》（一）

我的动物朋友

一天，我和妈妈、爸爸来到了一个很大很大的商场。商场里有吃饭的，有玩的，有卖小动物的。

我听说有宠物店，就飞快地跑了过去，那里的小狗都好可爱，我一眼就看中了一只小狗，它是一只俊介犬，这只俊介犬，真的很小很小，它也不会长多大，但是爸爸、妈妈问了问价钱，就说这只狗太贵，最后只买了一只小鹿犬。

小鹿犬刚来到我们家的时候，就坐在一个小沙发上，一动不动，只有把它关在笼子里的时候它才叫。我们给小狗起了名叫多宝，过了几天，这只小鹿犬被放了出来，这只小鹿犬一直跟在爸爸的身后，爸爸不论干什么事，它都跟在身后，好像只认识爸爸一样。

这只小狗，吃的样子，那可和别的狗不一样，别的狗吃东西，是细咽，我家狗吃东西则是狼吞虎咽。

这就是我们家的小狗多宝。

入院筛查：

本次习作要求根据具体的情境，向别人介绍自己的动物朋友。因此，需要在习作前创设具体的情境，然后根据情境的需要来介绍动物的特点。统观本篇习作，小作者从来历、习性、名字、喜爱爸爸、吃的样子这几个方面来介绍小狗的特点。但是，我并没有发现这几个方面之间的联系，不能推测出这篇文章是在一个什么样的情境下向别人介绍自己家的小狗。出于好奇，我找到小作者询问这篇文章创作的具体情境。

小作者向我介绍，在写这篇习作时他并没有考虑具体的情境，只是想到哪里就写到哪里。在了解这篇习作的创作背景后，我给小作者指出了本次习作中出现的一个问题：没有创设具体的写作情境。如果没有创设具体的写作情境，我们就不能根据情境的需要来选择写作的内容。针对这个问题，我对这篇习作的修改提出了几点建议。首先，要确定创作的具体情境。可以从本单元习作要求列举的三个情境中选择一个，也可以自己创设一个情境。其次，我们要根据情境的需要选择介绍的内容。本次习作并不是漫无目的地向别人介绍自己的动物朋友，而是要根据具体情境的需要写出动物的特点。比如，我们外出旅行，需要把小动物寄养在邻居家。根据这个情境的需要，我们要围绕小狗吃什么、在生活上有什么需求等有关小狗生活习性的特点展开，把这些特点介绍清楚，这样才能确保小狗在邻居家寄养的这段时间健康、快乐地生活。

只有明确写作目的，才能选择恰当的写作内容。想一想，修改这篇习作吧。

我的动物朋友

我们家有一只小狗，今天老师让我们介绍自己的动物朋友，我也来介绍一下我家的小狗吧，它有什么与众不同的特点呢？有了，我就和大家说说它为什么被称为“小吃货”吧！

我家的小狗每顿都特别能吃，每次它吃饭都要吃好几碗，而且每顿都是一样的能吃，不会因为上一顿吃得多而影响下一顿的食量。

这只小狗，吃的样子，那可和别的狗不一样，别的狗吃东西，是细咽，我家狗吃东西则是狼吞虎咽。它吃得特别快，一转眼就能把饭吃完。

我家的小狗要是不给它吃的，它就会特别黏人，直到你给它吃的东西以后它才会离开你，美美地去吃好吃的。

这就是我们家的“小吃货”。

医疗干预：

修改后的习作，小作者创设了向别人介绍动物朋友的情境，根据这个情境的需要，文章介绍了小狗“小吃货”的特点。围绕着这个特点，小作者从吃得多、吃得快、不给吃的就黏人这三个方面来介绍。但是在介绍时，却并没有把小狗的特点介绍清楚。

怎样能把小狗的特点介绍清楚呢？“特别能吃”“吃得特别快”“特别黏人”，可以试着围绕这些特点，把小狗当时的表现写清楚。

“特别能吃”是怎样能吃？我们可以从正面描写小狗的动作、神态来体现小狗能吃的特点，还可以从侧面描写食物的数量来体现小狗能吃的特点。比如：它的饭盒中有米饭、剩菜，还有我给它准备的火腿肠，我在它的饭盒里装了满满的饭菜，远远望去像一座小山那样高，我都快搬不动它的饭盒啦！用比喻、拟人、夸张等修辞手法来描写，把小狗的特点写清楚。

试着再围绕“吃得特别快”“特别黏人”这两个特点把小狗当时的表现写清楚。自己试一试，改一改吧。

我的动物朋友

我们家有一只小狗，今天老师让我们介绍自己的动物朋友，我也来介绍一下我家的小狗吧，它有什么与众不同的特点呢？有了，我就和大家说说它为什么被称为“小吃货”吧！

我家的小狗每顿都特别能吃。每次吃饭的时候，我负责给它盛饭。小狗就坐在我的旁边看着我给它盛饭，当我拿起勺子装上满满一勺倒进它的饭盒中，它就会冲我点点头，然后汪汪地叫上几声，好像很满意我的表现。可一旦我停止往饭盒中装饭，它就会叼住我的裤角不断地撕扯，大有一副你不给我装饭我就不松口的气势，直到我在它的饭盒里装了满满的饭菜，远远望去像一座小山那样高，我都快搬不动它的饭盆啦！它才满意地松开嘴，一边摇着尾巴，一边美美地吃起来。每次它都要吃好几碗，而且每顿都是一样的能吃，不会因为上一顿吃得多而影响下一顿的食量，你说我们家的小狗算不算是“小吃货”呢。

这只小狗，吃的样子，那可和别的狗不一样，别的狗吃东西是细咽，饭菜在嘴里咀嚼一会儿才肯咽到肚子里。我家狗吃东西则是狼吞虎咽，每次它都把嘴张得大大的，一口下去都不见嚼，下一口就又吃进去了。它吃得特别快，那些像小山一样高的饭菜，三下五除二，一转眼就能把它吃完了，我刚盛完一盆饭菜，本想休息一下，可是还没走远，它却吃完了，又需要我给它添饭了，你说我家的小狗是不是个“小吃货”呢。

我家的小狗要是不给它吃的，它就会特别黏人，它会用它的小脑袋蹭你的腿，要是你还不给它好吃的，它就会萌萌地抱住小脑袋呜呜地叫，好像在哭一样，直到你给它吃的东西以后，它才会离开你，美美地去吃好吃的东西。

这就是我们家的“小吃货”。

出院指导：

这次入院习作修改的过程有两个值得我们关注的点。

第一，本单元的习作不是简单地介绍小狗的特点，而是需要在具体情境下有选择有目的地介绍，因此我们在习作前需要创设情境。这篇文章的小作者在最初的习作之前并没有自己创设情境，所以他就是在漫无目的地介绍自家的小狗，与习作的要求相违背。但是在确定了具体的情境后，小作者写作的内容就能根据情境的需要来选择了。

第二，动物的特点要介绍清楚。在介绍小狗的特点时，我们不仅仅要告诉读者小狗的特点是什么，还要写清楚小狗的具体表现，让读者体会到小狗的特点，这样才能让读者的印象更为深刻。

《我的动物朋友》（二）

我的小狗

北京第一实验小学　张家琭

我有一只小狗，可我和爸爸妈妈要出去几天，我希望请邻居来照顾它几天。

这只小狗是一只柯基，毛毛的鼻子尖尖的，眼睛圆圆的，一身长长的茸毛，尾巴向上卷着。它的样子长得和狐狸非常相似。

它经常躺在很软且毛茸茸的地方。它的毛很软很茸，抱着的话，如同抱着一个抱枕。

它吃肉的时候很可爱。因为它爱吃肉，它什么肉都吃，猪肉要吃，牛肉要吃，就连合成肉它也要吃。在路边看见一根火腿肠，就会跑过去，叼着又跑回来，然后开始吃，它跑地飞快，根本不给你反应的时间。

它胆小的时候也很可爱，你吼它一声，它一下子跳起来，眼神也变得可怜，但一会儿它必定会来咬你。

它也非常爱干净，只不过是逼你为它洗澡罢了。

这段时间，就麻烦叔叔帮我照顾它了。

入院筛查：

在这篇习作中，小作者向我们介绍了他们家的小狗，阅读之后，感觉有以下优点：首先，能创设表达的情境。小作者在文章的开头就向我们说明了这篇文章的具体交际情境——全家外出而希望请邻居来照顾它几天。明确了这篇文章写作的目的和需要。其次，能从多个方面来介绍动物的特点。小作者能从小狗的样子，毛很软很茸、很可爱、爱干净等方面来介绍，写出了小狗的特点。

但是习作中还存在两个问题。

第一，没有根据具体情境的需要，介绍动物的特点。

本次习作要求根据具体的情境，向别人介绍自己的动物朋友。小作者在开篇就阐明本次习作的情境是希望邻居照顾他家的小狗，我们要根据这个情境的需要来介绍小动物。

统观全文却发现，小作者介绍小狗的样子与“如何照顾小狗”并没有任何的关系，建议删除这部分介绍。其他关于小狗的介绍虽然也能从中推测出如何照顾小狗，如它经常躺在很软且毛茸茸的地方，但并没有点明希望邻居给小狗搭建这样的一个窝，而是更多地在介绍小狗的特点。全文都在介绍小狗的特点，但并没有围绕照顾好小狗来进行。

建议在介绍小狗的特点时，一定要围绕小狗的生活习性来介绍。比如：“它吃肉的时候很可爱。因为它爱吃肉，它什么肉都吃，猪肉要吃，牛肉要吃，就连合成肉它也要吃。在路边看见一根火腿肠，就会跑过去，叼着又跑回来，然后开始吃，它跑地飞快，根本不给你反应的时间。”要想让邻居照顾好我们的小狗，这段描写重点并不是放在“可爱”上，应该把介绍的重点放在“它吃什么”上，可以修改为：“它爱吃肉，几乎什么肉都吃，猪肉要吃，牛肉要吃，就连合成肉它也要吃。我们家准备了一些火腿肠，您可以每天喂给它吃。它还有一个坏习惯，需要您注意。每次在路边看见一根火腿肠，它就会跑过去，叼着又跑回来，然后开始吃，所以您带它出去的时候一定要拴上一根绳子，不让它乱跑随便去吃地上的东西。”修改后的内容应该紧紧围绕着“如何照顾小狗”来写，这样邻居才能知道如何去照顾它。

想一想，围绕“如何照顾小狗”这个具体情境的需要，来介绍小狗的特点吧。

第二，语言表达不够准确。

小作者在语言表达上不够准确。比如：“在路边看见一根火腿肠，它就会跑过去，叼着又跑回来，然后开始吃，它跑地飞快，根本不给你反应的时间。”在这句描写中，“跑地飞快”是想写小狗跑得像飞一样快，可以改成：“在路边上看见一根火腿肠，它就会跑过去，叼着又跑回来，然后开始吃，它跑得像飞一样快，根本不给你反应的时间。”这样表达更准确。

还有一些语言表达不够准确的语句，读一读，改一改吧。

我的小狗

北京第一实验小学　张家琭

我们家有一只小狗，由于我要和爸爸妈妈外出旅游，我就请求邻居叔叔帮我照顾它几天。叔叔答应帮我照顾它，并问我照顾小狗有什么需要注意的事项。我准备把注意事项写下来，交给叔叔。

我们家小狗喜欢睡在柔软的地方，您一定要给它准备一个柔软的窝，上面要铺上毛毯，最好是长毛的那种，只有这种毛茸茸的窝它才能睡得安稳，晚上才不会总是叫。

叔叔，我们家的小狗特喜欢吃肉，您每日三餐一定要给它准备肉食。它什么肉都吃，猪肉、牛肉、合成肉，它都能吃。我们家准备了一些火腿肠，您必须每天喂给它吃。

每天还必须带它去户外遛一遛，如果不带它出去，它就会在屋子里不停地转圈乱叫，但是由于它喜欢吃肉，所以在遛弯时您可要注意不要让它吃路边掉落的肉，哪怕它在路边看见一点儿肉，它都会跑过去，叼回来，然后开始吃，所以您可一定要看紧了，别让它随便吃路边掉落的脏肉。

还有就是您可千万别吼它，只要您吼它，一会儿它必定会来咬您。

它也非常爱干净，所以您一定要天天给它洗澡。

这段时间，就麻烦叔叔帮我照顾它了。

医疗干预：

修改后的习作能围绕“如何照顾小狗”这个情境的需要来介绍小狗的特点，相信邻居叔叔一定能根据小作者写的“注意事项”照顾好小狗。但是，在本次修改时，小作者却忽略了一个很重要的交际因素——表达时的口吻。

我们来看一看这些语句“您一定要给它准备一个柔软的窝，上面要铺上毛毯，最好是长毛那种，只有这种毛茸茸的窝它才能睡得安稳”“您每日三餐一定要给它准备肉食”“您必须每天喂给它吃”“每天还必须带它去户外遛一遛”。我们发现，这些语句都有一个共同的特点，都是在用“命令”的口吻与叔叔交流。叔叔是长辈，他又是帮助自己照顾小狗的邻居，用这样的口吻来表达是不是不太妥当呢。

建议可以用“建议”“商量”的口吻来介绍小狗的特点。比如：“叔叔，如果您的条件允许，您可以给小狗准备一个柔软的窝，如果您家里有废旧的毛毯，可以把它铺在窝的最上边，这种毛茸茸的窝能让它睡得更安稳，如果没有那也没有关系，您不必特意为它准备。”

试着用上“建议”“商量”的口吻，围绕“如何照顾小狗”修改这篇习作吧。

我的小狗

北京第一实验小学　张家琭

我们家有一只小狗，由于我要和爸爸妈妈外出旅游，我就请求邻居叔叔帮我照顾它几天。叔叔答应帮我照顾它，并问我照顾小狗有什么需要注意的事项。我准备把注意事项写下来，交给叔叔。

叔叔，我们家的小狗喜欢睡在柔软的地方，如果您的条件允许，您可以给小狗准备一个柔软的窝，如果您家里有废旧的毛毯，可以把它铺在窝的最上边，这种毛茸茸的窝能让它睡得更安稳，如果没有那也没有关系，您不必特意为它准备。

叔叔，我们家的小狗特喜欢吃肉，如果条件允许，您每日三餐可以给它准备一些肉食。它什么肉都吃，猪肉、牛肉、合成肉，它都能吃。另外，我们家为它准备了一些火腿肠，您也可以每天喂给它。

叔叔，如果您有时间，还可以带它去户外遛一遛，如果不带它出去，那您可要忍受它在屋子里不停地转圈乱叫了。而由于它喜欢吃肉，所以在遛弯时您尽量注意不要让它吃路边掉落的肉。哪怕在路边看见一点儿肉，它都会跑过去，叼回来，然后开始吃。

还有就是您可要注意，可千万别吼它，倒不是怕您吼它，主要是因为您一吼它，一会儿它必定会来咬您，您可一定要小心。

它也非常爱干净，如果有时间，您可以多给它洗澡，这样也不会弄脏您家的东西。

这段时间，就麻烦叔叔帮我照顾它了，谢谢您。

出院指导：

这次入院习作修改的过程有两个值得我们关注的点。

第一，我们要根据情境的需要来介绍动物的特点。小作者选取的表达情境是“委托邻居照顾小狗”，怎样才能让邻居照顾好小狗呢，就需要我们把照顾小狗的注意事项写清楚。在创设具体的表达情境后，就要思考在这样的情境下需要写出小狗的哪些特点，然后才开始创作。

第二，这是一篇交际情境习作，因此我们在表达时一定要关注表达的对象，注意表达的口吻语气。这篇习作阅读的对象是邻居叔叔，是长辈，我们就要用建议、商量的口吻进行表达。如果阅读对象发生了变化，我们要根据阅读对象的不同来调整相应的表达口吻，这样能让阅读者感到舒服，也能更好地实现表达的目的。

《游______》

五月一日游天坛

北京市西城区登莱小学　孙辰瑞

五月一日是五一国际劳动节，它是全世界劳动人民的节日，历史上劳动者用付出生命和鲜血的斗争换来劳动者的合法权益，所以五月一日被定为劳动人民的节日。

趁着五一放假的期间，我去了天坛游玩，我发现真是什么都有，占地面积就已经达到了 273 万平方米，约四个故宫那么大，是明清两代皇帝每年祭天的地方。

天坛分为内坛和外坛，主要建筑在内坛，分别有圜丘、皇穹宇、丹陛桥、祈年殿这几个主要建筑。

圜丘，也是古人祭天的地方，又称祭天坛，位于天坛的南半部。继续往北走，我们来到了皇穹宇，里面的结构设计很独特，有一条金黄色的巨龙在上方盘旋，好像活过来一样。接着往前走，就来到丹陛桥，丹陛桥上整天都是人山人海的，人可真多，但这也是连接三个主要建筑的桥，所以人也肯定很多。

沿着桥走到尽头就是祈年殿了，并且也是天坛最著名的地方了，这里可以说是声学奇迹的建筑杰作，包括了回音壁和三音石，而且进入祈年殿时可以看到上面有一个匾额，上面写着祈年殿，特别是匾额，做得要比其他匾额更精致，这更能表现出祈年殿是最著名的地方。

天坛真是太好玩了，下次我还要来。

游三孔风景区

北京第一实验小学　段博还

你们听说过孔子吗？你们去过孔子的故乡吗？

孔子的故乡是山东曲阜。一天，我来到了曲阜的三孔景区，我们先来到了孔庙，那是一个非常古老且非常大的园子。

孔庙建于公元前 478 年，现在保留下来的大多是明清两代的建筑。孔庙到底有多大呢？它有 14 万平方米那么大。它有九间院子，有好几十个门。而且孔庙有一个非常著名的殿叫大成殿，是中国“三大殿”之一。另外两个殿分别是北京故宫的太和殿和泰山东岳神府（岱庙）的天贶殿。

去完孔庙，紧接着我们就去了孔府。孔府是孔子的后代居住的地方，建于 1377 年，1503 年重修。

1883 年着了一场大火，烧毁了许多建筑物。因此，孔府里的一部分建筑是清代重修的。

从孔府出来，我们乘着大巴车来到了孔林。

孔林是孔子及其后裔的家族墓地。孔林可比孔庙大多了，它有二百万平方米，而且孔林的坟冢就有十万余座。最最著名的一定是孔子墓了，它位于孔林的中间。孔子的墓碑是碎了之后重拼起来的。

三孔景区这么好，你们以后不来？

入院筛查：

这次入院的有两篇“病文”。首先，让我们看看四年级下册第五单元的习作题目《游__________》，这是篇半命题作文，习作要求：在横线上填写这个地方的名称，把题目补充完整；按照游览的顺序写写这个地方；把游览的过程写清楚，尤其是印象深刻的景物要作为重点来写，注意把它的特点写出来。

这两篇文章的小作者能够初步按照游览的顺序写景物。比如第一篇习作，小作者由南到北分别介绍了圜丘、皇穹宇、丹陛桥、祈年殿，并且运用一些过渡语使景物的转换更自然，如“继续往北走，我们来到了皇穹宇”“接着往前走，就来到丹陛桥”“沿着桥走到尽头就是祈年殿了”。再比如第二篇习作，小作者按照游览顺序分别介绍了孔庙、孔府、孔林，同样运用一些过渡语使景物的转换更自然，如“去完孔庙，紧接着我们就去了孔府”“从孔府出来，我们乘着大巴车来到了孔林”。这是两篇文章共同的优点。

但是，两位小作者在介绍景物的时候并没有把游览顺序写得很清晰，没有让读者产生一种一目了然的感觉。比如孙辰瑞同学，把圜丘、皇穹宇、丹陛桥放在了一个自然段进行介绍；再看段博还同学，在介绍孔府的时候，分成了两个自然段，介绍孔林的时候，也是分成了两个自然段。其实两位同学可以借鉴语文教材中习作例文——《颐和园》的写法，按照游览顺序对每个景物用一个自然段进行介绍，然后用过渡句把这些景物连接起来，让文章看起来更加流畅自然。比如：孙辰瑞同学可以把圜丘、皇穹宇、丹陛桥分成三个自然段，每个自然段介绍一种景物；段博还同学可以把文章中描写孔府的两个自然段和描写孔林的两个自然段分别合并。

另外，习作中还有一些小毛病。比如：孙辰瑞同学习作的题目，没有按照习作要求进行填写；还有，习作的第一自然段是在介绍五一劳动节，与本次游览没有关系，因此可以删去。

游天坛

北京市西城区登莱小学　孙辰瑞

趁着五一放假的期间，我去了天坛游玩，我发现真是什么都有，占地面积就已经达到了 273 万平方米，约四个故宫那么大，是明清两代皇帝每年祭天的地方。

天坛分为内坛和外坛，主要建筑在内坛，分别有圜丘、皇穹宇、丹陛桥、祈年殿这几个主要建筑。

圜丘，也是古人祭天的地方，又称祭天坛，位于天坛的南半部。

继续往北走，我们来到了皇穹宇，里面的结构设计很独特，有一条金黄色的巨龙在上方盘旋，好像活过来一样。

接着往前走，就来到丹陛桥，丹陛桥上整天都是人山人海的，人可真多，但它也是连接三个主要建筑的桥，所以人也肯定很多。

沿着桥走到尽头就是祈年殿了，并且也是天坛最著名的地方了，这里可以说是声学奇迹的建筑杰作，包括了回音壁和三音石，而且进入祈年殿时可以看到上面有一个匾额，上面写着祈年殿，特别是匾额，做得要比其他匾额更精致，这更能体现出祈年殿是最著名的地方。

天坛真是太好玩了，下次我还要来。

游三孔风景区

北京第一实验小学　段博还

你们听说过孔子吗？你们去过孔子的故乡吗？

孔子的故乡是山东曲阜。一天，我来到了曲阜的三孔景区，我们先来到了孔庙，那是一个非常古老且非常大的园子。

孔庙建于公元前 478 年，现在保留下来的大多是明清两代的建筑。孔庙到底有多大呢？它有 14 万平方米那么大。它有九间院子，有好几十个门。而且孔庙有一个非常著名的殿叫大成殿，是中国“三大殿”之一。另外两个殿分别是北京故宫的太和殿和泰山东岳神府（岱庙）的天贶殿。

去完孔庙，紧接着我们就去了孔府。孔府是孔子的后代居住的地方，建于公元 1377 年，1503 年重修。1883 年着了一场大火，烧毁了许多建筑物。因此孔府里的一部分建筑是清代重修的。

从孔府出来，我们乘着大巴车来到了孔林。孔林是孔子及其后裔的家族墓地。孔林可比孔庙大多了，它有近200万平方米，而且孔林的坟冢就有十万余座。最最著名的一定是孔子墓了，它位于孔林的中间。孔子的墓碑是碎了之后重拼起来的。

三孔景区这么好，你们以后不来？

医疗干预：

两篇习作修改之后，在游览顺序上给读者一目了然之感，文章也显得更加井然有序，但是两篇文章依然还存在明显的不足。

第一，没有抓住印象深刻的景物着重介绍。

在习作要求中明确提出要把游览的过程写清楚，尤其是印象深刻的景物要作为重点来写，注意把它的特点写出来。这两篇习作都缺少在游览的过程中对印象深刻景物的描写，让读者产生一种记流水账的感觉。

孙辰瑞同学的游记，在入院筛查前把圜丘、皇穹宇、丹陛桥放在了同一个自然段中进行了简要的介绍，而祈年殿单独作为一个自然段介绍，可见在他的心中是想着重写祈年殿的，但是在介绍的时候却误把皇穹宇里的回音壁写了进去，而针对祈年殿这处印象深刻景物的介绍也只是一个匾额而已，完全没有抓住祈年殿的主要特点。

再看段博还同学的游记，对于孔庙、孔府、孔林的介绍笔墨大致相当，让读者感受不到到底哪个景物给小作者留下的印象最深刻，同时，这三个景物的特点也没有写具体、写清楚。

第二，没有借鉴习作例文中其他景物的描写方法。

当然，仅仅对印象深刻的景物进行修改还不够，如果说我们想进一步提高两篇文章的表达效果，还应该从小作者游览的其他地方入手，让这些景物的特点再突出些，语言再生动些，衔接再自然些。

孙辰瑞同学的习作，在介绍圜丘、皇穹宇、丹陛桥的时候，可以继续借鉴语文教材中习作例文——《颐和园》的写法，把这些景物的主要特点说一说，不要一带而过。开头部分，语言可以再精简些。

还有段博还同学的习作，对于孔府和孔林的介绍，没有抓住这两处景物的主要特点。比如：孔府什么样？它有什么作用？孔子的墓碑又是什么样的？

游天坛

北京市西城区登莱小学　孙辰瑞

趁着五一放假期间，我去了天坛游玩，它是明清两代皇帝每年祭天的地方。天坛分为内坛和外坛，主要建筑在内坛，分别有圜丘、皇穹宇、丹陛桥、祈年殿这几个主要建筑。

进入天坛的南门，首先映入眼帘的就是圜丘了，它是古人祭天的地方，又称祭天坛，因为九是最大的单数，古代的皇帝为了表示对天的尊重，圜丘的四面各有九级台阶，周围都有汉白玉的栏杆，每个栏杆和栏板都有精雕细刻的云龙图案，好看极了。

继续往北走，就来到了皇穹宇，一条金黄色的巨龙在屋顶上盘旋，好像活过来一样。我们还体验了回音壁，回音壁是绕着皇穹宇而建的一圈圆形的墙，两个人分别站在墙的两头互相喊话，对方都会听得十分清楚。

接着往前走，就来到了丹陛桥，它南连皇穹宇和圜丘，北接祈年殿，是天坛的主轴线。丹陛桥由南向北逐渐升高，寓意皇帝步步高升。

沿着桥走到尽头就是祈年殿了，祈年殿是天坛的主体建筑，远远地望过去，好像一把大伞立在圆形的高大石台基上，我兴奋地跑到祈年殿跟前，一边听着讲解员的讲解，一边仰望着这座宏伟的建筑。原来祈年殿是一座鎏金宝顶、蓝瓦红柱、金碧辉煌的彩绘三层重檐圆形大殿，建于高 6 米的三层汉白玉圆台上。祈年殿的内部是由 28 根金丝楠木制成的大柱支撑起来的：内围的 4 根大柱，象征着一年的春夏秋冬四季；中围的 12 根大柱，象征着一年的 12 个月；外围的 12 根大柱，象征着一天里的 12 个时辰；而中层和外层的这 24 根大柱，又象征着二十四节气；三层总共 28 根大柱，还象征着天上的二十八星宿。是不是很奇妙呢！

天坛真是太好玩了，下次我还要来。

游三孔风景区

北京第一实验小学　段博还

你们听说过孔子吗？你们去过孔子的故乡吗？

孔子的故乡是山东曲阜，这里有著名的三孔景区，即孔庙、孔府、孔林。

我们先来到了孔庙，孔庙建于公元前 478 年，占地 14 万平方米，沿一条南北中轴线展开布置，左右对称，布局严谨，共有九进院落。大成殿是孔庙的主体建筑，殿高将近 25 米，坐落在 2.1 米高的殿基上，是孔庙里最高的建筑，它与北京故宫的太和殿、山东泰山岱庙的天贶殿并称为“东方三大殿”，可见大成殿是多么金碧辉煌、雄伟壮丽。

游完孔庙，我们就来到了位于孔庙东侧的孔府。孔府是孔子的后代居住的地方，建于公元 1377 年。孔府的正门坐北朝南，门前左右两侧有一对 2 米多高的石狮子，大门正上方挂着蓝底金字的“圣府”匾额，非常气派。

从孔府出来，我们乘着大巴车来到了孔林。孔林又称圣林，是孔子及其后裔的家族墓地。孔林占地近 200 万平方米，有坟冢十万余座，其中最著名的就是孔子墓了，它位于孔林的中间，高 5 米，墓碑上刻着“大成至圣文宣王墓”。

三孔景区这么好，你们还不来？

出院指导：

这次习作修改后，两篇文章的游览顺序清晰明确，游览过程清楚具体，不仅对印象深刻的景物进行着重描写，也把其他景物的特点写了出来。因此，游记类的文章我们要在认真观察和记忆游览景物的基础上，牢牢记住两点：第一，要按照游览的顺序进行介绍，并运用一些过渡句使景物的转换更自然；第二，要抓住游览的重要景物进行具体的描写，把它的特点写出来。

《我学会了＿＿＿》

我学会了包饺子

北京市宣武回民小学　史赫

星期六，我和妈妈在家学包饺子。我最爱吃荠菜肉馅饺子啦，那浓浓的肉香夹杂着淡淡的荠菜清香，让人垂涎三尺。

说干就干，我学着妈妈的样子，先拿一张饺子皮，再放上馅，然后把饺子皮捏好，一个饺子就包好了。和旁边妈妈包的饺子对比一下，我的饺子模样不好看，如小丑一样，而妈妈包的特别精致。妈妈说她包的时候会在饺子皮上抹上水，原来如此。于是我又包了几个，最后终于学会了包饺子。

虽然我现在包的饺子还不如妈妈包的好看，但我想，只要用心学，一定会包出好看又好吃的饺子，做任何事情都是这样。

我学会了做鸡蛋糕

北京第一实验小学　杨含章

假期的时候，我在劳技视频上看到一段做鸡蛋糕的视频，看着又简单又好吃，所以我就想自己做一次。

第一次做我没有把蛋清和蛋白分开就把蛋液倒进碗里，这使我很困惑，因为跟视频上的不一样，应该是一层蛋清一层蛋黄，我怎么全放的蛋液，然后我放了少许的肉片儿，结果蒸成了鸡蛋羹，我很失望。但爸爸妈妈说，虽然不成功，但是很好吃。在他们的鼓励下，我决定再做一遍。

为了保险，我又把视频从头到尾认真看了一遍。发现是先把蛋黄跟蛋清分离开来，把蛋清铺在最下面，我们把它蒸完后放了肉片儿，再放蛋黄，蒸熟后就能上桌了，全家人都说好吃，恨不得把碗都吃了。我很高兴，坚信只要我多加练习，就可以做出更多的花样。

经过一个寒假的练习，我终于学会了做鸡蛋糕。

入院筛查：

四年级下册第六单元的语文要求是“按一定顺序把事情的过程写清楚”，而本单元习作要求的第一条就是：你是怎样一步步学会做这件事的？

首先，必须明确的是，《我学会了 ______》这样的习作，应该注意两个方面：一方面，要将整个学会的过程写完整，是如何从不会到会的，而不是只写完成这项技能的过程；另一方面，要将学会的过程，也就是从不会到会一步一步写清楚，先干什么，再干什么，然后干什么……做到顺序清楚，步骤明确。

其次，我们来看这次入院的两篇“病文”，习作的问题可谓大同小异。先看史赫同学的《我学会了包饺子》，初读后觉得顺序比较清楚，有表示先后顺序的词语“先……再……然后……”，但细读后发现，虽然用上了表示先后顺序的词语，但是只写了包饺子的过程，而不是学会包饺子的过程。再看杨含章同学的《我学会了蒸鸡蛋糕》，虽然写的是学会蒸鸡蛋糕的整个过程，但是很明显学会过程的描述顺序不清、步骤不明。就比如：第二自然段，放蛋液和肉片儿的先后顺序是什么，是蒸前和视频不一样，还是蒸完后和视频不一样，读起来一头雾水；第三自然段，虽然写了蛋清、蛋黄、肉片儿放的先后顺序，但也是含糊不清。

所以，我建议史赫同学不妨回忆一下当初学包饺子的过程，是怎样一步一步学习的？一步一步将学会包饺子的过程按顺序把步骤描述清楚。而杨含章同学呢，虽然你写的是学会蒸鸡蛋糕的过程，但是过程中的每一步并不清楚，建议你可以借助表示先后顺序的词语“先……再……然后……最后”“第一步……第二步……”，来描述学习制作鸡蛋糕的过程，相信读起来顺序就清楚多了。

我学会了包饺子

北京市宣武回民小学　史赫

我最爱吃荠菜肉馅饺子啦，那浓浓的肉香夹杂着淡淡的荠菜清香，让人垂涎三尺。于是，我决定星期六和妈妈在家学包饺子。

说干就干，妈妈做完示范后，我学着妈妈的样子，先拿一张饺子皮，再放上馅，然后把饺子捏好，一个饺子就包好了。和旁边妈妈包的饺子对比一下，我的饺子模样不好看，如小丑一样，而妈妈包的特别精致。我连忙向妈妈请教，妈妈说她包的时候会在饺子皮上抹上水，原来如此。于是我又按照妈妈说的包了几个，果然是越来越好。就这样，我终于学会了包饺子。

虽然我现在包的饺子不如妈妈包的好看，但我想，只要用心学，一定会包出好看又好吃的饺子，做任何事情都是这样。

我学会了做鸡蛋糕

北京第一实验小学　杨含章

假期的时候，我在劳技视频上看到一段做鸡蛋糕的视频，看着又简单又好吃，所以我就想自己做一次。

我先把鸡蛋打在碗里，然后将蛋液打匀，再放上少许的肉片儿，最后放到锅里蒸。可蒸出来后发现跟视频中的鸡蛋糕不一样，视频中明明是一层蛋清一层蛋黄，我很失望，鸡蛋糕变成了鸡蛋羹。但爸爸妈妈说，虽然不成功但是很好吃。在他们的鼓励下，我决定再做一遍。

为了保险，我又把视频从头到尾认真看了一遍。发现是先把蛋黄跟蛋清分开打成蛋液，然后把蛋清铺在器皿的最下面，接着放到蒸锅上蒸五分钟左右，再放上肉片儿，最后倒入蛋黄液直到蒸熟。我按照步骤很快就蒸好了鸡蛋糕，端上桌后，全家人都说好吃，恨不得把碗都吃了。我很高兴，坚信只要我多加练习，就可以做出更多的花样。

经过一个寒假的练习，我终于学会了做鸡蛋糕。

医疗干预：

两位同学都认真听取了修改意见，修改后的两篇文章的确有了很大改观，学会的过程一步一步先后顺序叙述得很清楚。

但是，既然是“学会了”，那么有学就得有教，有教有学才能体现从不会到会的过程，从这点来看，杨含章同学的文章写得还是不错的，把学会蒸鸡蛋糕的整个过程叙述得很完整。显然，史赫同学的文章中，从不会到会这个学会的过程不够完整，缺少妈妈教的过程。而且，学会的过程中只写清楚了干什么，至于是怎么干的，缺少细致的描写，尤其是准确的动作描写。比如：“我”是怎么放馅儿的？是怎么捏的？又是怎样在饺子皮上抹水的？这些都可以让文章读起来令人眼前一亮！再说杨含章同学，还记得你当时学会过程的心路历程吗？你在做每一步时的心情又是怎样的呢？比如：动手做之前一定是信心满满，失败后有多沮丧自然可想而知，还有成功后又是欣喜万分。如果有了这些情感的起伏变化，相信读者一定会有身临其境般的感受！

我学会了包饺子

北京市宣武回民小学　史赫

我最爱吃荠菜肉馅饺子啦，那浓浓的肉香夹杂着淡淡的荠菜清香，让人垂涎三尺。于是，我决定星期六和妈妈在家学包饺子。

说干就干，我和妈妈来到厨房，看着妈妈把一切准备工作做完后，就开始动手包了。我先让妈妈做示范，妈妈一边做一边给我讲解，只见她左手托着饺子皮，右手用勺舀了一勺馅放在饺子皮的中间，然后将饺子皮两边对折沿边缘捏好。我目不转睛地盯着妈妈的手，很快，一个漂亮饱满的饺子就诞生了。

轮到我了，我学着妈妈的样子，先拿一张饺子皮放在左手上，再把一小勺馅轻轻地放在饺子皮的中间，然后用右手将饺子皮两边对折沿边缘使劲儿一捏，一个饺子就捏好了，和旁边妈妈包的饺子对比一下，我的饺子模样不好看，如小丑一样，而妈妈包的特别精致。我连忙向妈妈请教，妈妈安慰我说："别着急，告诉你个窍门，放好馅后别急着捏，在饺子皮的四周抹上一点温水，这样比较好捏，你再试试。”原来如此，于是我又拿起一张饺子皮，放好馅后小心地在饺子皮四周抹上一点温水，然后右手轻轻一捏，果然很轻松地就捏上了。我一下子来了兴致，连续又包了几个，一个比一个好。就这样，我终于学会了包饺子。

虽然我现在包的饺子不如妈妈包的好看，但我想，只要用心学，一定会包出好看又好吃的饺子，做任何事情都是这样。

我学会了做鸡蛋糕

北京第一实验小学　杨含章

假期的时候，我在劳技视频上看到一段做鸡蛋糕的视频，看着又简单又好吃，所以我就想自己做一次。

因为不是第一次做饭，再加上鸡蛋糕做法简单，我凭着印象信心满满地进了厨房。我先把鸡蛋打在碗里，然后将蛋液打匀，再放上少许的肉片儿，最后放到锅里蒸。可蒸出来后我傻了眼，发现跟视频中的鸡蛋糕不一样，视频中明明是一层蛋清一层蛋黄，我很失望，鸡蛋糕变成了鸡蛋羹。但爸爸妈妈说，虽然不成功，但是很好吃。在他们的鼓励下，我决定再做一遍。

为了保险，我又把视频从头到尾认真看了一遍，这一次可丝毫不敢马虎。我发现是先把蛋黄跟蛋清分开打成蛋液，然后把蛋清铺在器皿的最下面，接着放到蒸锅上蒸五分钟左右，再放上肉片儿，最后倒入蛋黄液直到蒸熟。我按照步骤很快就蒸好了鸡蛋糕，我如捧着艺术品般小心翼翼地将鸡蛋糕端上桌，没想到全家人都说好吃，恨不得把碗都吃了。望着桌上一扫而光的“战场”，我别提多高兴了，暗下决心，只要我多加练习，就可以做出更多的花样。

经过一个寒假的练习，我终于学会了做鸡蛋糕。

出院指导：

本次的习作有两点十分重要：一是要写清楚学会的全过程，二是要求一步一步把学习这项本领的顺序步骤写清楚。这次修改之后，两篇文章都将学会的整个过程的顺序步骤写得十分清楚，学习过程中的情感变化真实感人。可见言之有序是写好作文非常重要的一点，要想做到这一点，最关键的是要搞清楚按怎样的顺序写。像这次习作就要弄清楚学习过程中先干什么、再干什么，前后顺序是不能颠倒的。而且，看得出两位小作者都是善于观察和思考的有心人。史赫同学从一次小小的学习包饺子的经历中，就能悟出“凡事只要用心，就一定能做好”的道理。还有杨含章同学的做事坚持、不放弃，最后取得成功。相信如果我们做任何事情都能抱以“用心”的态度，并且一直坚持下去，一定能够克服困难，走向成功。这些都非常值得我们每个人学习！

《我的“自画像”》（一）

黑果冻

北京小学　王若凡

我叫王若凡，在我们班里，我有个全班公认的外号：黑果冻。

我对这个外号又满意又不满意。满意是因为我的肤色的确黑，而这种黑黝黝的颜色代表健康和活力，这就是说同学们祝我永远健康；但我不满意的是说我是一个果冻，因为我做课间操的时候松松散散。不过也不得不承认，我身上的肉的确多，导致我上课间操的时候特别像一坨瘫在地上的果冻。可是，事实上我可不是“虚胖”。大家别看我大腿和一般成年人的大腿一样粗，但这里的肌肉含量很高，脂肪含量却很少。我把腿绷起来，就和铁一样硬。你别看我的肚子像一个大肉球，只要我一使劲儿，它一下子就化身为硬实的“防弹衣”！

我特别喜欢看书。自从我学完选自曹文轩《青铜葵花》

中的《芦花鞋》一课之后，我对他的书很感兴趣，紧接着把《草房子》《根鸟》读完了。我打算这个学期把曹文轩的这套书都读完。

这就是我，一个又爱锻炼又爱读书的小黑胖子。

入院筛查：

四年级下册第七单元的习作主题是“我的‘自画像’”，习作内容是请同学们向新班主任做一次自我介绍。自我介绍常发生在陌生人之间，是拉近距离、让对方尽快了解自己的一种有效方式。本次习作不是泛泛地介绍自己，而是规定好了向谁做自我介绍——那位想象中的新班主任，这是本次习作最突出的特点。下面就来谈谈王若凡同学这篇名为《黑果冻》的习作的主要优点和突出问题。

我们首先来看这篇习作的主要优点。第一，题目有趣，吸引着读者往下读。第二，层次清楚，按照从外到内的顺序介绍了自己四个方面的特点：肤色黑、体形胖、爱锻炼、爱读书。第三，语言活泼、有趣，符合自我介绍“口语化”的特征。

下面再来探讨这篇习作的突出问题。这篇习作最明显的问题是介绍人模糊。习作的第二自然段，有以“大家别看我……”和“你别看我……”开头的两个句子，这样的表述不像是在对新来的班主任做自我介绍。

针对病症，我提出两点修改建议：一是习作时，时刻想象新班主任就站在眼前；二是改变叙述的口吻，增强针对性。

黑果冻

北京小学　王若凡

我叫王若凡，在我们班里，我有个全班公认的外号：黑果冻。

我对这个外号又满意又不满意。满意是因为我的肤色的确黑，而这种黑黝黝的颜色代表健康和活力，这就是说同学们祝我永远健康；但我不满意的是说我是一个果冻，因为我做课间操的时候松松散散。不过也不得不承认，我身上的肉的确多，导致我上课间操的时候特别像一坨瘫在地上的果冻。可是事实上我可不是“虚胖”。您别看我大腿和一般成年人的大腿一样粗，但这里的肌肉含量很高，脂肪含量却很少。我把腿绷起来，就和铁一样硬。您别看我的肚子像一个大肉球，只要我一使劲儿，它一下子就化身为硬实的“防弹衣”！

我特别喜欢看书。自从我学完选自曹文轩《青铜葵花》中的《芦花鞋》一课之后，我对他的书很感兴趣，紧接着把《草房子》《根鸟》读完了。我打算这个学期把曹文轩的这套书都读完。

这就是我，一个又爱锻炼又爱读书的小黑胖子。

医疗干预：

王若凡同学的这一稿，将“大家”和“你”这样的称呼改成了“您”。可别小看这样的改动——你可以边对比着读，边把自己想象成这位新班主任，感受两种称呼带来心理感受的不同。解决了这个最明显的问题，下面我们再来思考怎样让这位新班主任更好地了解你。请先回顾习作要求里的“写之前想一想”：你的外貌有什么特点？你的主要性格特点是什么？你最大的爱好和特长是什么？你还想介绍自己的哪些情况？可以用什么事例来说明？

通过这几个问题，你读懂了什么？有两个要点值得大家注意：一是要按照从外到内、比较全面地介绍自己；二是在介绍时，要用事例说明自己的特点。

再看王若凡同学的习作。针对第一个要点，这篇习作从肤色黑、体形胖、爱锻炼、爱读书四个方面介绍自己的特点，做到了从外到内、全面介绍。针对第二个要点，这篇习作存在比较明显的问题：如第二自然段，小作者只介绍了自己胖但肌肉含量高，但没有用事例说清原因；又如第三自然段，小作者介绍自己喜欢看书，只写了喜欢看曹文轩的书——那他是喜欢看各类的书，还是只喜欢看曹文轩的书呢？要消除疑惑、达到让新班主任更好了解你的目的，需要补充事例。具体的修改建议：一是把自己体形胖但身体壮之间的关系介绍清楚；二是补充爱看书的其他事例，让老师更充分地了解你爱看书的特点。

黑果冻

北京小学　王若凡

我叫王若凡，在我们班里，我有个全班公认的外号：黑果冻。我对这个外号既满意又不满意。满意是因为我的肤色的确黑，而这种黑黝黝的颜色代表健康和活力，这就是说同学们祝我永远健康；但我不满意的是说我是一个果冻，因为我做课间操的时候松松散散，看上去特别像一坨瘫在地上的果冻。不过也不得不承认，我身上的肉的确多，准确地说是肥肉少、肌肉多，下面让我给您细细说来。

我有锻炼的好习惯。我在学校经常练习跳绳，在家里经常做平板支撑和仰卧起坐，到了周末，我还会跟着爸爸到广安体育中心跑步，每回最少要跑5公里，最多一次跑了8公里。所以您别看我的大腿和一般成年人的大腿一样粗，但只要我把腿绷起来，就和铁一样硬。您别看我的肚子像一个大肉球，在做平板支撑时，它一下子就化身为硬实的“防弹衣”——这些可都是我锻炼的成果！

我不但爱锻炼，还很爱看书。

自从学完选自《青铜葵花》的《芦花鞋》这课，我对读书的兴趣就更浓了，先是把《青铜葵花》读完了，接着读了曹文轩的“纯美小说系列”，再后来又读了《红岩》《俗世奇人》《一千零一夜》等各种各样的书。

我爱看书都到了痴迷的程度。有一回，我写作业时突然想上厕所，于是就拿着还没读完的《甜心小米6：世上没有坏小孩》去上厕所了。我正看得入迷，突然听见爷爷在外面大喊：“王若凡，你都蹲多长时间了？怎么还不出来？”于是我赶紧起身，才发现腿已经麻了！出来后我一看表，妈呀！我都蹲了快半个小时了！

这就是我，一个又爱锻炼又爱读书的小黑胖子。

出院指导：

王若凡同学的这篇习作有了非常大的进步。在进一步的修改稿中，补充了锻炼身体的事例，这就把自己虽然看起来胖，但很壮实的特点写得很清楚，也令人印象更加深刻。另外，补充了自己看的其他书，尤其是加上了上厕所时还在看书的事例，把自己喜欢看书的特点淋漓尽致地展现出来啦！可以想象：作为小作者的新班主任，一定会对眼前的这位小伙子印象深刻！

回顾完这篇“病文”的康复过程，再回到本单元习作的特点和要求上来。本次的习作有位特定的读者——想象中的新班主任。于是，习作首先就要明确介绍的对象，注意人称的使用，这是本次习作的最大特点。另外，习作的目的是让他（她）更好地了解你，要达到这个目的，就要结合事例把自己的特点介绍清楚，这是这次习作的重点。

同学们比较容易走入的误区是“众人一面”，那样就达不到让新班主任熟悉你、了解你的目的，更不会留下深刻印象。怎么解决这个问题呢？有两个办法，一是在“自画像”上做文章，二是把特点和事例结合起来加以介绍。

所谓在“自画像”上做文章就是选材。要学会这个方法，建议同学们先去网上搜索那些著名画家的自画像。你会发现，每张自画像都有鲜明的特点——对呀！既然是“自画像”，那就是画家画自己心目中的自己，我们的习作也是如此！所以，在介绍时，一定要抓住自己区别于别人的特点进行介绍。接下来，怎么做到更好地介绍自己、给新班主任留下深刻印象呢？可以采用“特点＋事例”的方法。再以王若凡同学的习作为例，在第三稿中，不但解决了针对老师进行介绍的问题，还补充了自己锻炼的事例，这就把体形壮的特点写清楚了。另外，为了把自己爱看书的特点介绍清楚，补充了读过的许多书和在厕所看书的经历。

总体来说，写好“我的‘自画像’”这篇习作，要时刻想着对面站着的就是新来的班主任，还要选择自己最想介绍的特点，最后再配合着事例进行介绍，你的习作就离成功越来越近啦！

四年级下册第七单元

《我的“自画像”》（二）

我的“自画像”

北京小学　魏子欣

“哟，明天又吃‘魏子欣’喽！”可是菜谱上明明写的是周四吃包子呀！难不成这是个“吃人学校”？当然不是！只是因为同学们觉得我的脸太像一个包子了！我的脸肯定称得上是一张大圆脸，圆也就算了，而且还很白！更要命的是，我脸上的肉呀，一捏就会抖三抖，和包子皮没什么两样。

虽然我的脸是白白软软的，但性格很刚直。在班里，我的话从来不算多的，相反，我是个彻彻底底的“行动派”。要是有人胆敢在我面前“惹是生非”，我准会一个反手拍在他脸上，最多再“补刀”一句：“看我不削——死你！”

我还有一个一般人都不告诉的弱点，那就是怕黑。只要一关灯，我就会觉得房间里有两个幽灵，专等我闭了眼把我抓走。所以我一定要和姐姐一起睡觉。但是我总把她逼到床边，导致她非常不喜欢和我一起睡觉。

这就是我，您认识我了吗？

入院筛查：

相较于王若凡同学写的《黑果冻》初稿，魏子欣同学的这篇习作有两个明显优点：第一，注意到是在向新班主任做自我介绍（比如文末的“这就是我，您认识我了吗”）；第二，在点明“特点”后，能够结合“事例”（在介绍自己性格强硬、怕黑的特点时，小作者都举出了生活中的相关事例）。

同时，这篇习作也出现了新的问题——特点和事例不一致。这是怎么回事呢？请看习作的第二自然段，段首有句“虽然我的脸是白白软软的，但性格很刚直”。“刚直”的意思是“刚强正直”，后面写自己话不多，请问“刚直”和“话不多”之间有什么关系呢？接着，小作者介绍说自己对待那些“惹是生非”的人，先拍巴掌再“补刀”——请问：你了解发生了什么事吗？怎么就体现出子欣同学“刚强”和“正直”了呢？

解决这个问题的关键，是解决好“特点”和“事例”之间的关系。修改分为两步走：第一步，调整前面概括自己特点的用词；第二步，把后面的事例说清楚，特别注意和前面的“特点”保持一致。

我的“自画像”

北京小学　魏子欣

“哟，明天又吃‘魏子欣’喽！”可是菜谱上明明写的是周四吃包子呀！难不成这是个“吃人学校”？当然不是！只是因为同学们觉得我的脸太像一个包子了！我的脸肯定称得上是一张大圆脸，圆也就算了，而且还很白！更要命的是，我脸上的肉呀，一捏就会抖三抖，和包子皮没什么两样。

我虽然是个女生，但绝不柔弱，而且喜好打抱不平。尤其是当淘气的男生针对班里女生搞恶作剧的时候，我都会挺身而出，冲到他们面前大喝一声，警告说：“如果还有胆敢‘作恶’的家伙，那我就要亮出我跆拳道黑带的身手！”往往我刚摆出架势，“作恶”的家伙就已经吓得“抱头鼠窜”了。每当这时，我心里别提多得意了！

我还有一个一般人都不告诉的弱点，那就是怕黑。只要一关灯，我就会觉得房间里有两个幽灵，专等我闭了眼把我抓走。所以我一定要和姐姐一起睡觉。但是我总把她逼到床边，导致她非常不喜欢和我一起睡觉。

这就是我，您认识我了吗？

医疗干预：

魏子欣同学的这一稿，先将特点“刚直”改成“喜好打抱不平”，删掉了“话不多”“行动派”这些和要介绍的特点没有直接关系的语句。在后面的事例中，还描述了自己是怎么对待那些搞恶作剧的男生的——这样修改，就把“特点”和“事例”统一起来了。

接下来，这篇习作该怎么修改才能让新班主任更好地了解魏子欣同学呢？我给出的建议是“补充其他特点”。除了脸很像包子、常打抱不平、胆小怕黑之外，子欣同学还可以介绍自己其他方面的特点。当然，正如在王若凡那篇习作《黑果冻》的“出院指导”里提到的：介绍并不一定要面面俱到，而是要抓住自己区别于别人的特点。魏子欣同学可以按照由外到内的顺序，把自己的爱好特长、长处不足等做一番梳理，选出那些最能反映自己特点的内容，再配合相关的事例，更加全面地介绍自己。

进一步的修改步骤是：

第一步，补充其他特点，使内容更加丰富；

第二步，根据特点选择事例，力求给新班主任留下深刻印象；

第三步，按从外到内的顺序梳理、调整习作。

我的“自画像”

北京小学　魏子欣

“哟，明天又吃‘魏子欣’喽！”可是菜谱上明明写的是周四吃包子呀！难不成这是个“吃人学校”？当然不是！只是因为同学们觉得我的脸太像一个包子了！我的脸肯定称得上是一张大圆脸，圆也就算了，而且还很白！更要命的是，我脸上的肉呀，一捏就会抖三抖，和包子皮没什么两样。

我是班里公认的“学霸”。每一堂课，我都会专心听讲、积极思考并举手发言；课下，我不但会认真完成作业，还会用心预习第二天上课要讲的内容。尤其面对考试，我总会认真复习，考试中更是反复检查，保证会做的题一分不丢。有些同学上了90分就高兴得不得了，恨不得飘到九霄云外去，但我即使得了100分，也不会有多惊讶；反而要是哪次考试成绩优秀的名单里没有我，那对我来说绝对不正常。

说到这儿，您可别以为我一心只顾学习，其他的事都不过问，我还有另外的一面——喜好打抱不平。尤其是当淘气的男生针对班里女生搞恶作剧的时候，我都会挺身而出，冲到他们面前大喝一声，警告说：“如果还有胆敢‘作恶’的家伙，那我就要亮出我跆拳道黑带的身手！”往往我刚摆出架势，“作恶”的家伙就已经吓得“抱头鼠窜”了。每当这时，我心里别提多得意了！

刚才和您说的都是我威风的一面，不过我也有个很大的缺点——胆小。上操时站在一米多高的领操台上，我会心跳加速，生怕自己会摔下去。再想到背后还有几百名同学注视着我，我就会紧张到做错好几个动作。晚上，只要一关灯，我就会觉得房间里有两个幽灵，专等我闭了眼把我抓走。所以我一定要和姐姐一起睡觉。但是我总把她逼到床边，导致她非常不喜欢和我一起睡觉。

这就是我，您认识我了吗？

出院指导：

这次的修改稿，习作进步很大！首先，魏子欣同学加入了是班里的“学霸”和站在领操台上害怕的事例，这就达到了从更多角度介绍自己从而让新班主任更好地了解自己的目的。其次，全文按照从外在到内在的顺序写，符合了解一个人的自然规律。最后，自然段间的联系方面，介绍完外貌特点后，先写自己“光辉”的一面（是班里的“学霸”，打抱不平的“大侠”），之后介绍自己胆小的一面（怕在台上领操、怕黑），内容之间既有联系也有对比，合在一起，魏子欣同学的形象便呼之欲出啦！

我们把魏子欣和王若凡两位同学习作的修改过程做一下总结，要写好这篇读者对象为新班主任的习作，我们要思考清楚三个问题：

一是向新来的班主任做自我介绍，在称呼上，和向同学、小伙伴做自我介绍有什么不同？

二是你想介绍自己哪方面的特点？

三是选择什么事例才能把你的特点介绍清楚，让新班主任更好地了解你？

看来自我介绍并不是简单的单向输出，而是要综合考虑在向谁介绍、怎么介绍，还要想象听你介绍的人会有哪些疑问、有什么反应。同学们，你们学会了吗？

《故事新编》

《龟兔赛跑》新编

北京市宣武回民小学　王雨熙

一年一度的森林运动会又开始啦！所有的动物都充满了期待，大家都来观看比赛。自从上次兔子赛跑输给了乌龟，它很想和乌龟再战一场，于是主动向乌龟发起挑战，乌龟毫不犹豫答应了。

“嘟——”随着猫头鹰裁判的一声哨响，比赛开始，兔子跑得很快，一路上遥遥领先。兔子回头一看，乌龟才刚过起跑线，还在慢慢爬。

但天气太热，兔子一下子跑得特别快，所以很渴想喝水。它跑着跑着就看到了一片胡萝卜地，心想就吃一根解解渴，乌龟是追不上我的。可是它没忍住，吃了一根又一根，吃个没完没了。兔子不知道乌龟慢慢爬了过来，超过了它。

最后乌龟又一次取得了胜利。

入院筛查：

《龟兔赛跑》的故事我们都很熟悉，讲的是有一次乌龟和兔子赛跑，兔子因为骄傲睡大觉，结果输了比赛。

在这篇习作中，小作者有不少优点。首先，小作者能够按照事情的起因、经过、结果来写这个续编的故事，情节相对完整。其次，小作者能借用原故事的一些情节来续编新故事，这很了不起！比如，“自从上次兔子赛跑输给了乌龟，它很想和乌龟再战一场……乌龟毫不犹豫答应了”。最后，故事编得合情合理，例如：兔子跑得又累又渴，看到自己最爱吃的胡萝卜不禁吃了起来，而且吃起来没完没了，因此又一次输了比赛。

但是我发现班里大多数同学在写这个单元的习作时，都能达到这样“依葫芦画瓢”的水平，甚至故事的内容大同小异，兔子在这次赛跑中因为犯了和第一次“同样的错误”而输了比赛。这样是不是就失去了“故事新编”的意义？

所谓“新编”，就是要写出新意，在编写上要有创新。我们可能想好了故事的结局，甚至开头也知道了，但这个过程却需要思维的创新，需要出其不意。过程的创新才是写好故事新编的关键。

因此，我们不妨依据小作者预设的“乌龟又赢了”这个结局，先一起说说都可能会有哪些新的故事情节。建议大家分别从乌龟和兔子的角度大胆展开想象。

从乌龟的角度想，可能是赛道变化或借助工具：

比赛遇到了河流，乌龟利用会游泳的特点取得了胜利；

比赛遇到下坡路，乌龟头一缩、迅速滚下；

乌龟借助了滑板车、轮滑鞋、滑翔机等工具，顺利到达了终点。

……

从兔子的角度想，可能路遇不测、遇到诱惑：

兔子不小心受伤了或被湍急的河流挡住了去路，还有可能是跑反了方向；

兔子在路上为了救助其他的小动物或是为了做好事，而耽误了比赛；

兔子路过了萝卜地，看到了水灵灵的萝卜，没经受住诱惑。

……

医疗干预：

同学们，你们的想象力可真丰富，大家发现了吗？这些大胆的想象，就可以作为我们这次的写作素材或是情节发展的线索。我们可以围绕预设的结局“乌龟又赢了”，结合刚才大家说的其中一点或几点，具体展开想象。还可以把几个线索合在一起，把兔子和乌龟的表现联系起来想象，写一写在什么情境下，兔子怎样了，乌龟又怎样了。如果能让故事的情节发生反转，让故事情节一波三折，就更好了。

写的时候，我们可以把它们当时的动作、神态及心理写下来。在结尾处，再写出小作者想通过这个新编的故事表达自己的什么想法。例如：告诉我们做事情不能三心二意，或者同伴之间要互相帮助等。相信有了上面的思考，你会把这个故事创编得更加精彩，更有新意。让我们一起再来写一写，试一试吧！

《龟兔赛跑》新编

北京市宣武回民小学　王雨熙

一年一度的森林运动会又开始啦！所有的动物都充满了期待，大家都来观看比赛。自从上次兔子赛跑输给了乌龟，它很想和乌龟再战一场，于是主动向乌龟发起挑战，它已经做好了充足的准备，而乌龟也想再得一次第一名。

“嘟——”随着猫头鹰裁判的一声哨响，比赛开始。兔子跑得很快，一路上遥遥领先。

跑到一个陡坡前，兔子看到一个大坑，它急忙停住，往大坑里一看，一只小松鼠掉在里面，已经奄奄一息了。它急忙跳下去，用力把小松鼠背起来，艰难地爬了上来，脚都受伤了。

这时乌龟也爬了过来，它看了一眼受伤的兔子和小松鼠，心里想：“我可不能耽误时间，我还要得第一名呢！”于是头也不回，把脖子往壳里一缩，一骨碌滚下了坡，滚到了小河边。

而兔子却把小松鼠放到树下，又给它喝了点儿水，安排好后才放心离开。

兔子一瘸一拐地跑到了小河边，眼看着乌龟轻松地游过去了，它急中生智，从河边找来一些木头和柳条，扎了一个小木筏也划过去了。

过了河，兔子实在太累了，又渴又饿，看到路旁有一片胡萝卜地，胡萝卜水灵灵的，它多想吃几根啊，可它想起了之前的教训，强忍着擦干了口水，依依不舍地离开了，继续往前跑。

到了终点已经晚了，乌龟早就到了，但动物们都为兔子鼓掌欢呼，乌龟不服气地喊道："我赢了，是我不是它呀！"

只听台上的小松鼠说："是兔子救了我的命！"这时乌龟才想起自己当时的表现，脸瞬间红了起来，躲到草丛里了。

虽然乌龟赢得了比赛，但兔子的善良和智慧却赢得了大家的掌声。

出院指导：

小作者这次修改的《龟兔赛跑》故事新编，是不是更有趣了呢？虽然故事的结局还是乌龟赢了，但是小动物们却把掌声送给了兔子。小作者围绕预设的故事结尾，用上了很多刚才我们想象的线索，甚至反方向去想象，把故事的情节写得一波三折，扣人心弦，尤其是故事告诉我们的道理，值得深思。

在新编故事时，我们就要按照故事的起因、经过、结果来写。写之前，先得了解原来的故事，然后可以预设新故事的结尾，结尾可以和原故事一样，也可以不一样，重点要在

“新情节”上展开想象，并在故事的结尾写清楚自己这么编故事想表达的想法，这样读起来会很有意思，也会让读者深受启发。新编故事写完后，老师建议你可以给故事配上插图，和同学分享这些有趣的故事。如果有兴趣，你还可以另选一个熟悉的故事，如《狐假虎威》《坐井观天》《狐狸和乌鸦》，创编新故事。

反侵权盗版声明